LE

COMBAT DE VILLERSEXEL

(9 Janvier 1871)

PAR

le Lieutenant J. DIEZ

PARIS
LIBRAIRIE MILITAIRE R. CHAPELOT ET Cᵉ
IMPRIMEURS-ÉDITEURS.
30, Rue et Passage Dauphine, 30

1905

LE

COMBAT DE VILLERSEXEL

(9 Janvier 1871)

PARIS. — IMPRIMERIE R. CHAPELOT ET C^{o}, RUE CHRISTINE, 2.

LE

COMBAT DE VILLERSEXEL

(9 Janvier 1871)

PAR

le Lieutenant J. DIEZ

PARIS
LIBRAIRIE MILITAIRE R. CHAPELOT ET Cie
IMPRIMEURS-ÉDITEURS
30, Rue et Passage Dauphine, 30

1905

A MON PÈRE

et à ses humbles Camarades de l'Armée de l'Est.

AVANT-PROPOS

« Il est à la guerre des faits inexplicables qui donnent parfois de l'invraisemblance aux faits les plus exacts », dit le général baron Thiébault.

A ce genre de faits appartiennent les événements que l'histoire militaire groupe sous le nom de *Campagne de l'Armée de l'Est en 1871*. L'étude des documents historiques concernant cette malheureuse période amène souvent sur les lèvres un froid sourire d'incrédulité; mais celui-ci fait bientôt place à une douloureuse certitude, née de la vision nette de poignantes réalités et d'angoissantes matérialités.

Les événements les plus surprenants s'éclairent peu à peu à la lumière de l'analyse, étalant aux yeux étonnés une décadence morale et sociale à laquelle notre esprit s'habitue difficilement. Du fouillis des détails et des légendes, de l'amertume des constatations parfois désolantes, parfois aussi réconfortantes, on voit sourdre les cruelles mais fortes leçons des événements.

« Les actions mémorables des histoires relèvent l'esprit; étant lues avec discrétion, elles aident à former le jugement. » (Descartes.) Le philosophe y trouve de multiples sujets de réflexions sur la solidarité sociale et le rôle de la force dans les événements humains. L'historien militaire y recueille des principes de formation et de conduite des troupes. Le citoyen y puise les raisons sociales de nos chutes : de la connaissance des fautes naît la possibilité du relèvement. Pour prévoir et pouvoir, le mieux est de savoir.

Mais, pour atteindre ces résultats, la science historique seule est insuffisante. L'*art militaire* ne peut plus ignorer l'*élément psychologique*. Celui-ci pose en principe que « les forces morales sont sans cesse en mouvement; elles n'ont pas d'arrêt et, si elles ne tendent pas à monter, c'est qu'elles tombent et faiblissent. » (SCHARNHORST). L'historien militaire doit donc avant tout s'appuyer sur la connaissance du cœur humain. Il ne peut plus se contenter, dans un style bref qui rappelle la simplicité de formes des édifices antiques, d'enregistrer les faits ou de faire des déductions critiques. Ses efforts doivent tendre à reproduire la vive coloration du tableau d'histoire dont il s'occupe. Les soldats et leurs chefs ne sont point des automates. Leur intelligence travaille et, dans leur poitrine, bat un cœur vibrant et impressionnable. C'est pourquoi nous sommes convaincu que le secret de la victoire ne se met pas dans une armoire ni dans une formule; nous le chercherons en dernière analyse là où il est, dans le cœur du combattant, depuis le général en chef jusqu'au simple soldat.

Les uns ont voulu trouver les causes des échecs de l'armée de l'Est dans le peu de valeur matérielle et morale des troupes. Les autres ont accusé l'insuffisance des généraux chargés de les conduire à la victoire. Une étude impartiale montre que ces deux éléments de faiblesse ne s'excluent pas. A l'armée de l'Est, en 1871, ils se sont complétés pour amener une navrante débâcle!

Ce ne peut être par des critiques sans fondements historiques que l'on peut arriver à noter ces causes de nos désastres[1]. Seule, une recherche consciencieuse et raisonnée de la vérité, — de cette vérité qui dit le mal comme le bien et qui cherche surtout à instruire sérieusement les générations de l'avenir, — éclairera notre prévoyance sociale et nous permettra d'en éviter le funeste retour.

---

[1] Voir la préface de *Campagne de l'Est*, par Pierre LEHAUTCOURT, et les diverses appréciations portées sur les ouvrages principaux qui ont traité de la partie de la guerre de 1870, qui nous occupe.

PREMIÈRE PARTIE

Situation des belligérants dans l'Est en janvier 1871

CHAPITRE PREMIER

Français

1. Composition et effectifs de l'armée de l'Est. — 2. Situation physique. matérielle et morale. — 3. Le haut commandement, Bourbaki et son état-major. — 4. Projets d'opérations.

1. *Composition et effectifs de l'armée de l'Est.* — Vers la fin de l'année 1870, la délégation du Gouvernement de la Défense nationale avait décidé de tenter, avec la première armée de la Loire, que nous appellerons l'*armée de l'Est*, une grande diversion susceptible de provoquer indirectement la levée du blocus de Paris. Cette décision correspondait à une conception fort juste de la situation militaire des armées allemandes dont les communications avec la mère-patrie passaient par une étroite bande de territoire, à la merci de toutes les tentatives.

L'armée de l'Est va être chargée d'exploiter cette situation très spéciale. Elle se compose de quatre corps d'armée, de la division Cremer et d'une réserve générale.

C'était une force totale d'environ 140,000 hommes avec plus de quatre cents bouches à feu[1]. Ces effectifs, très supérieurs aux 40,000 soldats du général de Werder, ne cessèrent, il est vrai, de

---

[1] M. le colonel Rousset ne compte que 360 bouches à feu. M. P. Lehautcourt écrit : « C'est un total de 123.000 hommes au moins », en conclusion de calculs tendant à prouver que le chiffre de 100,000 rationnaires donné par l'intendant Friant est basé sur des hypothèses fausses.

Les chiffres, d'ailleurs, ne peuvent être donnés qu'à titre de simples renseignements approximatifs. On ne peut tenir compte de nombreux doubles emplois, de fréquentes mutations dont il n'est pas resté trace.

fondre pendant toute la durée de la campagne. Le général Bourbaki a même dit qu' à la Lisaine il n'avait pu disposer que de 35,000 hommes. Il est permis de croire qu'il y a là une exagération du commandant en chef.

Toujours est-il que l'état d'internement dressé par le Gouvernement suisse accuse 90,314 hommes, 285 pièces d'artillerie, 72,573 fusils, 1,158 voitures et 11,787 chevaux. Si l'on tient compte de la valeur des divisions Rébilliard et Polignac laissées à Besançon, des divisions Cremer et d'Ariès qui échappèrent au désastre, et enfin des prisonniers faits par les corps allemands, on constatera que les chiffres que nous donnons sont approximativement justes.

2. *Situation physique, matérielle et morale.* — L'armée de l'Est avait évidemment la force que donne le nombre : les chiffres, pour certains, sont seuls consultés lorsqu'il s'agit de déterminer la confiance que l'on peut avoir en une troupe. Ils oublient que dans les conflits de la force matérielle, c'est l'intelligence qui reste maîtresse. Le dieu des batailles n'est pas seulement avec les gros bataillons. La supériorité réside en effet, pour quiconque est de sens pratique, dans une juste proportion entre le nombre d'une part, la valeur morale et la vigueur physique d'autre part. Cette proportion existait-elle dans l'armée de Bourbaki ?

On peut affirmer que la *vigueur physique* de l'armée de l'Est ne fut pas à la hauteur des circonstances difficiles au milieu desquelles elle eut à se débattre.

Le transport de cette armée par chemin de fer, fait précipitamment dans des conditions désastreuses de température, avait éprouvé les corps de troupe comme une véritable défaite. Des souffrances terribles avaient été endurées, résultant d'un hiver exceptionnellement froid. Dès le commencement des opérations, les difficultés de se mouvoir dans une région accidentée, à travers la neige et sur le verglas, entravèrent et retardèrent la marche.

Puis ce fut la faim qui tenailla les entrailles de nos malheureux mobiles. La région de l'Est, occupée par l'ennemi depuis plus de trois mois, était épuisée[1]. Les services administratifs

---

[1] Un demi-kilogramme de beurre fut payé douze francs aux environs de Villersexel, région particulièrement agricole.

fonctionnaient à peu près au hasard des circonstances. Le désordre qui avait présidé au transport des troupes, l'encombrement des voies ferrées ne permirent pas un ravitaillement régulier. L'armée, d'ailleurs, ne possédait que peu de moyens pour transporter à sa suite les vivres nécessaires à sa subsistance pendant quelques jours. Le 24e corps avait quitté Lyon à peu près sans équipages. Le 18e et le 20e égarèrent presque tous les leurs sur les voies ferrées. Ceux du 15e ne devaient rejoindre qu'à la fin de la campagne.

Sans doute, il y eut de louables efforts pour donner à l'armée de l'Est les voitures nécessaires. Grâce au concours des préfets des départements voisins[1], on constitua, par réquisition, un certain nombre de groupes de charrettes qui rendirent quelques services et eussent pu en rendre bien davantage si on les avait dotées de cordes, de bâches, de ridelles, de planches, en un mot, de tous les accessoires indispensables à leur utilisation sur un terrain glacé et difficile, où l'on arrivait à peine à faire deux ou trois lieues par jour.

Il aurait fallu surtout l'intervention du commandement dans l'organisation des convois. L'intendant Friant attire l'attention sur ce point dans une dépêche du 12 janvier : « Cent à cent dix voitures auxiliaires devraient suffire par division de 10,000 hommes ou par quartier général, surtout avec des bases d'approvisionnement éloignées de quatre lieues au plus. Mais il n'en est pas ainsi et tout se fond parce qu'il n'y a ni surveillance ni encadrement dans les divisions et qu'il y a des abus. » Des voitures entières furent abandonnées ou vendues par les agents subalternes chargés de les conduire.

Ce simple aperçu permet de préjuger de la lenteur inévitable des mouvements et des retards qui en résulteront pour le ravitaillement des troupes[2]. Celles-ci, d'ailleurs, manquèrent souvent

---

[1] La réquisition fut faite de la façon suivante : Ain, Jura, Saône-et-Loire, 400 voitures chacun ; Côte-d'Or, 200 voitures ; Doubs, 600 voitures. Le 20e et le 18e corps purent disposer de 600 à 700 voitures ; le 24e corps, de 400, et le 15e, de 200.

[2] « 12 janvier. Melcey. — Point de bifurcation de trois routes. Un officier du train des équipages commença par installer ses voitures sur la route. Le va et vient ne se faisait plus, il y eut un encombrement indicible. Il fallut intervenir. Tel charretier arrêtait sa voiture devant un cabaret et occasionnait un

de ressources par leur faute [1]. Les hommes, mal dirigés, au lieu de conserver leurs vivres de réserve, mangeaient en un jour les rations de deux ou trois, quand ils ne les gaspillaient pas, jetant le biscuit, qu'ils dédaignaient, bien que sa qualité fut irréprochable. Un régiment en laissa plus de cinquante caisses dans la neige. On vit à la gare de Besançon des soldats alimenter leur feu avec des pains de sucre.

Quelque explication que l'on puisse donner de ces souffrances de toutes sortes qui s'abattirent sur l'armée de Bourbaki, il est naturel que le cœur se serre au récit émouvant des malheurs de nos soldats de l'Est. Ici, c'est un pauvre diable, les épaules endolories par son sac trop lourd, qui s'en va boitant, les pieds gelés, mais dont l'énergie morale vainc la fatigue physique. Là, c'est un mobile, les traits détendus, la barbe inculte chargée de glaçons, dont les yeux éteints trahissent le complet épuisement. Plus loin, c'est un homme exténué qu'un camarade conduit jusqu'au fossé de la route où il s'affaisse, hélas ! pour ne plus se relever : la neige lui fera bientôt, de ses nombreux et gros flocons, un blanc et glacial linceul.

Est-ce à dire que cette situation physique déplorable de l'armée de l'Est ne lui permettait aucune énergie morale, lui enlevait toute espèce de *valeur militaire?* Il est de vérité historique que les troupes placées par le gouvernement de la Défense nationale, sous les ordres de Bourbaki, manquaient de cohésion, d'expérience. Il n'y a pas lieu de s'étonner que la faim et le froid aient eu le désordre pour conséquence. La discipline avait été mauvaise dans les armées impériales; elle ne pouvait être que pire dans celles qu'organisait hâtivement la Délégation.

C'était peut-être moins la faute des soldats que celle des chefs improvisés, inhabiles dans la lourde tâche que les hasards leur

---

temps d'arrêt dans tout le convoi.... Il était relancé ; un quart d'heure après, le même fait se reproduisait. Il fallut organiser un service d'officiers et de sous-officiers. » (*Historique du 21e bataillon de chasseurs à pied*, rédigé par le commandant Hermieu.)

[1] Du 14 au 20 janvier, il fut fourni à l'armée de l'Est 4,800,000 rations de pain ou de biscuit. C'était suffisant pour au moins trente jours. Mais ces provisions furent livrées à un pillage effréné.

avaient imposée [1]. On n'a qu'à ouvrir les documents de la Commission d'enquête parlementaire pour être édifié à ce sujet : « Les officiers, d'ailleurs d'une incapacité notoire, paraissent redouter de provoquer des mesures rigoureuses.... Mes efforts se sont heurtés contre l'incapacité, la mauvaise volonté ou la pusillanimité des cadres [2]. » (Général Bressolles).

La discipline morale existait moins encore que la discipline matérielle. Dans les milices levées en un moment de détresse, il se trouve évidemment parmi les chefs des hommes très bien doués et très instruits. Les citoyens les plus intelligents, les meilleurs, répondent d'enthousiasme à l'appel du pays en danger [3]. L'armée de Bourbaki comptait beaucoup de ces âmes bien nées, mais elles ne pouvaient être uniformément stylées. Par suite, il leur manqua la discipline intellectuelle sans laquelle les plus beaux dons de l'esprit s'éparpillent, au point de vue militaire, en vains efforts. Il ne put y avoir, dès lors, entre le général en chef et le commandement subalterne, ni unité de méthode, ni unité d'action. « Il n'y avait, en somme, aucune tradition, aucun esprit de corps, aucune cohésion dans ce corps d'officiers. » (H. Beaunis.)

---

[1] Voici, à ce sujet, des renseignements intéressants trouvés dans le rapport du commandant Saint-Martin, qui commandait le 5e bataillon des mobiles de la Loire. Ils concernent la proportion des gradés ayant servi antérieurement.

	Effectif.	Ayant servi antérieurement.
Chef de bataillon	1	1
Capitaines	7	3
Lieutenants	7	1
Sous-lieutenants	7	0
Adjudant	1	0
Sous-officiers	42	7
Caporaux	56	6

Et ce même rapport ajoute : « C'est une grande faute qui a été commise souvent dans la campagne que d'épuiser les hommes et de les fatiguer sans nécessité. Je ne juge pas, je raconte avec vérité. »

[2] Voir à ce sujet : H. Beaunis, *Impressions de campagne.*

[3] Il serait intéressant, au point de vue philosophique, d'étudier le rôle de cette élite lorsqu'elle est mêlée, dans les rangs de l'armée, à toutes les classes sociales. Il ne serait pas sans utilité pratique de montrer que la ruine de la volonté l'atteint particulièrement vite sous l'influence de la souffrance physique. Elle est très sujette à une crise de désespérance si le doute pénètre dans son esprit : c'est alors une agonie morale contre laquelle les nobles sentiments s'efforcent évidemment de réagir sans pouvoir toujours prendre le dessus. Il est de toute nécessité de combattre ce doute qui désagrège l'énergie morale.

Le gouvernement cependant, poussant jusqu'à l'outrance son activité fiévreuse, créa des armées et les alimenta. On a pu dire que ses derniers efforts ne produisirent que des troupeaux sans cohésion. Il serait injuste d'ajouter qu'ils furent sans ardeur. Il a pu être de bon ton de parler du soldat français de cette époque comme d'un dégénéré physique et moral en l'opposant à son frère du second empire. Nous avons la conviction que les soldats allemands du XIVe corps n'en parlent pas de la même manière. De Moltke lui-même constate souvent dans sa correspondance privée la valeur des levées de la Défense : « Le gouvernement d'avocats a réussi à tirer parti de toutes les qualités, de tous les défauts de la nation française, de son patriotisme, de son courage, de sa présomption, de son ignorance ». (*Lettre du* 13 *novembre* 1870.)

Le général Chanzy a dit fort justement : « L'armée est le reflet du pays [1] ». La relation intime existant entre l'armée et la nation n'apparaît à nulle époque d'une manière plus frappante que dans celle qui nous occupe. S'il y avait des gens qui ne voulaient point se battre, c'est que la nation ne les y poussait plus. En janvier 1871, le découragement gagnait le pays ; les appels de Gambetta, l'ardent et vaillant tribun, ne secouaient plus d'un fécond et puissant frisson les fibres intimes du peuple que des saignées douloureuses avaient tant épuisé.

Les braves gens, les soldats de cœur et d'âme, voulaient encore se battre. De ceux-là était, entre autres, le 55e régiment de mobiles du Jura. « Noirs, déguenillés, maigres, c'était de la troupe dont on pouvait tout exiger et que n'étonnait ni une marche de 40 kilomètres, ni l'absence de distributions [2]. » Le récit historique montrera que ces soldats ne constituaient pas une brillante exception. Les mobiles de cette trempe étaient nombreux dans l'armée de l'Est.

Les autres avaient assez de cette lutte sans espoir où s'amoncelaient les deuils et les ruines. Leur intelligence sociale était trop bornée pour comprendre qu' « il n'y a pas de peuple en Europe qui n'ait vu une fois l'étranger sur son sol, qui ne l'y ait toléré longtemps et finalement pourtant chassé. » (Gambetta.)

---

[1] V. notre étude : *De la Force morale au point de vue militaire*, p. 39 et suiv.
[2] Commandant de Vaulchier, *Régiments francs-comtois en* 1870-1871.

3. *Le haut commandement : Bourbaki et son état-major.* — Cette situation matérielle et morale de l'armée de l'Est suffit-elle à étayer la conclusion qu'avec de pareils éléments on ne pouvait espérer mener à bien une opération aussi délicate que celle qui était confiée au général Bourbaki ? On peut ne pas le croire. Si le commandement avait été ferme, mieux secondé ; s'il s'était inspiré d'un véritable esprit de décision et de suite, le mal, semble-t-il, eût pu se réparer, au moins en partie. Il n'en fut rien malheureusement. Jamais la conduite d'une armée ne fut soumise à plus de fluctuations et d'incertitudes. Jamais à aucune opération de guerre, l'unité et l'action ne firent autant défaut. « Cette armée de formation récente, avec des généraux souvent sans expérience, avec des états-majors improvisés et où l'élément militaire était beaucoup trop rare, avec des secours administratifs insuffisants, avec des officiers et des soldats sans instruction ni habitudes militaires, avait toujours été dans des conditions de faiblesse extrême. » Ce jugement sévère mais juste du général Borel, mérite une attention toute particulière.

« La volonté de vaincre à tout prix, a dit Napoléon, est la première qualité du général en chef. » Le *général Bourbaki*, en assumant la lourde tâche de diriger l'armée de l'Est, avait il cette foi dans le succès ? On peut répondre hardiment : non. Il « ne croyait pas à la victoire. Dans de pareilles dispositions, un général est battu avant même qu'il ait donné seulement un ordre [1]. »

Bourbaki n'avait accepté le commandement que par esprit de devoir : brave et honnête soldat, il voulait servir son pays jusqu'au bout; mais il était loin d'être convaincu de l'efficacité de la résistance. Ne semble-t-il pas qu'il l'estimait plus nuisible qu'utile? Il écrivait à l'amiral Fourichon : « Si, au lieu d'être un agent de combat, j'étais un agent de pensée, je voterais pour un armistice et pour la paix. C'est peut-être un défaut d'éducation, mais autant j'ai confiance dans les soldats qui ont le respect et la crainte de leur chef, l'amour de leur drapeau, autant je me défie des ramassis d'hommes qui, sans discipline, sans con-

---

[1] VON DER GOLTZ, *La Nation armée.*

naissance de leurs officiers doivent combattre en rase campagne. » (*Lettre du 25 octobre* 1870.)

Dès lors ne peut-on comprendre les contradictions nombreuses que l'on rencontre dans la conduite de Bourbaki ? Un homme dont le cœur est en proie au doute ne sera jamais capable de faire de grandes choses. « Les grands buts sont l'âme de la guerre, et que devient toute la théorie de l'art militaire si l'on ensevelit ses grands points de vue et ses principales règles sous un monceau de petites difficultés que l'on a péniblement formées en allant les chercher dans le domaine entier des possibilités. » (Clausewitz.) Il y a longtemps, d'ailleurs, que notre vieux Montluc a dit : « C'est une mauvaise chose quand le chef craint de perdre ; qui va avec crainte ne fait rien qui vaille. »

Les événements de Metz avaient démoralisé Bourbaki. Abreuvé d'outrages et de calomnies, il ne put se dégager de la méfiance à laquelle il se sentait en butte. Il se croyait et se jugeait lui-même suspect à tous. Le général Thoumas[1] explique ce découragement par « des lettres dans lesquelles ses amis, inféodés à l'empire, lui reprochaient son obéissance à un gouvernement rebelle ». Bourbaki était encore un soldat, il ne fut jamais un chef d'armée[2]. « Ses services antérieurs prouvaient jusqu'à l'évidence qu'il possédait les qualités du plus brillant soldat, mais jamais il n'avait pu faire preuve de celles du généralissime ou même du général. Son expérience des guerres d'Afrique était grande, mais de quelle utilité devait-elle être en Europe devant des ennemis que ne suffisaient pas à vaincre le courage individuel, l'audace et l'entrain qu'il avait tant de fois affirmés ? Ces qualités brillantes, mais après tout secondaires, ne pouvaient suppléer à la hauteur de vues, à la largeur d'intelligence, à la science militaire, à la force d'âme qui lui faisaient défaut. Il manquait non moins de la netteté de coup d'œil qui montre le but à atteindre et de la ténacité qui permet de ne jamais s'en détourner et de forcer la victoire[3]. »

Dès que Bourbaki fut placé à la tête des bataillons français,

---

[1] *Paris, Tours, Bordeaux.*

[2] « Le plus brave et le meilleur des soldats, le pire des généraux. » (P. et V. Margueritte.)

[3] P. Lehautcourt, *Campagne de l'Est.*

au lieu de relever le moral des troupes, il rendit épidémiques son fatal découragement et son incurable affaissement. D'ailleurs, pouvait-il réagir? La lourdeur inaccoutumée des troupes qu'il était appelé à diriger, les difficultés du commandement, le relâchement de la discipline n'étaient point faits pour réconforter l'ancien commandant de la garde impériale. « Il avait vu fondre en quelque sorte ce qu'il appelait la plus belle armée de l'Europe et il avait une sorte de désespoir noir dans l'âme, une inquiétude et puis la peur que, à la première défaite, on ne fît porter tout le tort sur lui. Ce n'est pas sa bravoure que j'attaque..., c'est son moral. » (Gambetta.) Et M. de Freycinet pouvait dire que « le général serait impuissant à communiquer autour de lui la confiance et l'énergie qu'il n'a pas lui-même ».

A l'espèce d'apathie indéniable qui résultaît de cette morne désespérance, le général Bourbaki ajoutait un angoissant état d'esprit dû au malaise que lui faisaient éprouver les sentiments de *M. de Freycinet* à son égard. Le délégué à la Guerre n'avait peut-être pas, comme Gambetta, refoulé la défiance que lui inspiraient les antécédents du général. Son antipathie pour l'ancien commandant de la garde impériale n'était un secret pour personne. « J'ai toujours pensé et dit que Bourbaki n'est pas l'homme qu'il nous faut[1]. »

Il est permis de croire cependant que le commandant en chef de l'armée de l'Est ignora longtemps les sentiments de M. de Freycinet. Mais ce dont il ne put ni ne voulut d'ailleurs s'affranchir, quoiqu'elle lui pesât, c'est de la tutelle que le délégué à la Guerre lui imposa. « Ce n'est que dans le cas d'urgence commandée par les nécessités militaires qu'on agirait sans mes instructions. Hormis ce cas, je tiens à être tenu, jour par jour, au courant des projets du quartier-général pour envoyer les instructions en conséquence. » (*Dépêche du 28 décembre.*)

Des écrivains militaires de réelle valeur ont pris acte de ce texte et en ont fait l'objet d'acerbes critiques. Pour le délégué à la Guerre, dit M. d'Eichtal, « les généraux étaient des pantins dont il maniait les ficelles et à qui il retirait toute initiative. » Il peut être permis de faire remarquer que « des considérations de

[1] De Freycinet, *La Guerre en province.*

la plus impérieuse nécessité, tirées de l'état de Paris, commandent une parfaite unité de vues et d'action entre nos diverses armées ». (*Dépêche de Gambetta,* 3 janvier) Dès lors, qui pouvait et devait réaliser cette union des esprits, cette concentration des efforts et des énergies de la France aux abois, sinon le gouvernement central ?

D'un autre côté, tout historien impartial se doit de remarquer que M de Freycinet écrit souvent, sous des formes différentes, que son intervention n'a pour but que d'assurer précisément l'unité d'action dans la résistance nationale. « Telles sont les réflexions que je vous soumets. Vous apprécierez dans quelle mesure les circonstances permettent d'en tenir compte. » (*Dépêche du 12 janvier*[1].)

Il n'est pas inutile, d'ailleurs, de faire remarquer également l'insistance que le général Bourbaki met parfois à se réclamer de la tutelle du délégué à la Guerre. Ne lui télégraphiait-il pas, le soir du combat d'Arcey : « Je vous prie de bien me renseigner sur ce que vous croirez que je devrai faire de mieux.... Ne me ménagez ni vos avis ni vos renseignements. » (*Dépêche du 13 janvier.*)

Nous admettons volontiers, tout au moins théoriquement, que l'influence de M. de Freycinet, sur la direction des opérations militaires, n'est pas exempte de toute critique. Mais il faut, pour être juste, reconnaître que presque toujours le délégué à la Guerre demanda les avis de Bourbaki et que souvent il accepta les projets que le général lui présenta. Il ne semble pas, d'ailleurs, que ceux-ci aient eu plus de valeur, au point de vue militaire, que ceux du gouvernement. La responsabilité de la Délégation, dans les opérations de l'armée de l'Est, semble tout au moins devoir être très atténuée.

Certains auteurs militaires, et non des moindres, ont voulu expliquer le manque complet d'initiative du général Bourbaki, par la présence de *M. de Serres* dans son état-major. Ils disent que « la surveillance occulte qu'il exerçait devait constituer pour

---

[1] « Si la Délégation gêna sensiblement sa liberté d'action au début des opérations, elle la lui rendit pleine et entière à dater des premiers jours de janvier, quand l'armée se fut mise en marche. » (Pierre LEHAUTCOURT.)

le général Bourbaki une gêne, sa présence une contrainte, et son autorité une atteinte formelle à l'indépendance du chef ». (Lieut.-colonel Rousset). M. de Serres, « personnage énigmatique, dont les fonctions peu définies consistaient en une surveillance mal déguisée[1] », aurait joué auprès de Bourbaki, avec les tempéraments résultant de la dissemblance des époques, un rôle renouvelé des anciens commissaires du Comité de Salut public. Il peut sembler que pareil jugement est un peu exagéré.

Les témoignages des contemporains sont en effet plus favorables à M. de Serres que les jugements portés dans des écrits plus récents. « Actif et intelligent, il avait sur les opérations militaires des vues qui ne justifiaient pas sans doute un excès de présomptions, mais qui ne manquaient pas de justesse et de prévoyance[2]. » — « M. de Serres était très ardent et très énergique, mais son imagination prenait trop facilement ses désirs pour des réalités[3]. »

Le portrait qu'a laissé de lui M. Jules Garnier exprime les mêmes idées : « Il semblait avoir par excellence le suprême défaut du gouvernement dont il était un des principaux personnages, défaut qui, dans d'autres circonstances d'organisation, de climat et contre un autre peuple que l'Allemagne, aurait pu s'appeler génie, car ce défaut pouvait nous sauver : je veux parler de la hardiesse de conception de ses plans dans lesquels, hélas! il oubliait trop de tenir compte des obstacles naturels ou articiels de toute sorte qui devaient en empêcher la réalisation. Comme ses chefs ou ses collègues, il oubliait trop encore que le feu qui l'animait n'était point généralement partagé[4]. »

Le général Borel, bien placé pour être un bon juge, parle de M. de Serres dans les termes suivants : « Dans sa spécialité de technicien et d'administrateur, M. de Serres rendit de bons services...

« A ma connaissance, M. de Serres était un homme intelligent, qui avait un certain flair militaire; seulement il manquait de la connaissance des détails...

---

[1] H. Beaunis, *Impressions de campagne.*
[2] Général Thoumas, *Paris, Tours, Bordeaux.*
[3] Colonel Secrétan, *L'Armée de l'Est.*
[4] Jules Garnier, *Les Volontaires du génie dans l'Est.*

« Je dois lui rendre cette justice que dans les choses d'exécution, pour les approvisionnements, les munitions, il nous était d'un grand secours... Je l'ai trouvé vis-à-vis de moi très réservé. »

Qui pourrait être plus intéressé que le général Bourbaki et le colonel Leperche à se décharger sur M. de Serres de la responsabilité de nos revers ? Leur témoignage ne saurait évidemment être contesté. Or, tous deux ont déclaré devant la Commission d'enquête parlementaire que M. de Serres, loin d'avoir jamais voulu leur imposer ses plans en s'ingérant d'une façon quelconque dans le commandement, avait toujours été un collaborateur modèle, laborieux, constamment empressé à remplir les missions les plus périlleuses. « Il était très agréable dans ses relations », a dit le général Bourbaki.

Il y a probablement là un jugement dans lequel entre quelque complaisance, mais il est avéré que M. de Serres agissait en toute sincérité, avec le désir de bien faire. Il était de la plus entière bonne foi. M. de Freycinet ne fut pas d'ailleurs sans le retenir sur une pente où il aurait trop volontiers glissé. « Je trouve que vous jouez un rôle trop actif et je dirai trop personnel... Je sais bien que votre intervention est motivée par le désir patriotique de venir en aide à la radicale insuffisance du général en chef... Je vous en prie... laissez le général en chef donner ses instructions... Bornez-vous à lui donner vos avis, mais ne vous substituez point à son chef d'état-major. » (*Dépêche du 3 janvier.*)

Muni de pouvoirs presque illimités, porteur, avec la date en blanc, du décret révoquant le général Bourbaki, on peut se demander si l'ingérence de M. de Serres dans le commandement n'est pas au moins explicable. Ce qui semble vrai, c'est qu'elle n'a pas été abusive. Aussi faut-il chercher dans d'autres causes les origines de la faiblesse de l'état-major du général en chef.

Le haut commandement de l'armée de l'Est laissait, en effet, beaucoup à désirer dans son organisation proprement dite. Non seulement la plupart des officiers, généralement improvisés, étaient, la chose se conçoit, assez inexpérimentés ; mais des commandements considérables avaient dû être confiés à des généraux de récente promotion, capitaines encore au commencement de la campagne. Sans préparation suffisante, ils allaient se trouver aux prises avec les problèmes les plus redoutables de la guerre.

Quelles que fussent leur énergie et leur volonté, ils pouvaient difficilement, dans leur situation nouvelle, perdre les habitudes de dépendance et de sujétion intellectuelle que le régime impérial leur avait fait contracter : telle est en partie la raison du manque d'initiative que l'on est en droit de reprocher aux commandants d'unités daus l'armée de l'Est[1].

Mais, chose plus grave, à l'état-major général, un dualisme regrettable opposait au chef d'état-major l'aide de camp du général en chef. Il est évident qu'un chef d'état-major doit être l'*alter ego* du général, s'identifier à lui. Si le général Bourbaki avait eu près de sa personne un officier de réelle valeur, peut-être eût-il été accessible à des conseils qui eussent sauvé son armée. Sans doute, le *général Borel* avait toutes les qualités qui rendent un officier précieux au commandement supérieur; mais il fut délibérément tenu à l'écart des questions que seul il était qualifié pour décider. Parlant des opérations de l'armée de l'Est, le chef d'état-major du général Bourbaki a pu dire : « Les ordres de mouvement m'arrivaient tout rédigés et je n'avais qu'à les transmettre... Je les recevais par l'aide de camp du général. »

La raison de ce dualisme fâcheux est dans l'influence prépondérante que le *colonel Leperche*, ami personnel de Bourbaki, sut prendre sur l'esprit du général : il fut, en réalité, le véritable chef de l'armée. « Esprit borné, jaloux du commandement, le colonel Leperche se noyait dans les détails et n'apercevait plus les lignes fondamentales de son plan[2]. » Sans doute, on est en droit d'en appeler de ce jugement. Mais les contemporains, s'ils diffèrent dans les termes, expriment à peu de chose près les mêmes idées : « Le chef dédaignant le papier; son fidèle, lié à sa plume, sachant le *Journal militaire officiel* par cœur..., le meilleur des camarades, à la condition qu'on admirât son général. » (Colonel Fix.) Leperche ne quittait pas Bourbaki d'une semelle et le général ne pouvait s'en passer. Aussi, malgré leur exagération faut-il tenir compte de ces paroles d'un contemporain : « M. Leperche est l'unique auteur de nos désastres dans l'Est[3]. »

---

[1] Voir à ce sujet H. Beaunis, *Impressions de campagne*.
[2] Colonel Poullet, *La Campagne de l'Est*
[3] Colonel Poullet, *id.*

Les difficultés qui résultèrent de cette situation équivoque eurent des conséquences évidemment très fâcheuses. La transmission des ordres, la préparation et l'expédition des affaires se faisaient de la façon la plus incomplète et la plus irrégulière. Rarement le général Bourbaki fit appel aux lumières des chefs de service compétents dont la mise à l'écart eut sa répercussion dans le réapprovisionnement des troupes en vivres comme en munitions. La lecture du rapport très détaillé de l'intendant général Friant permet de se rendre un compte exact de la façon dont on entendait le service à l'état-major général de l'armée de l'Est. On y trouve, entre autres choses, cette extraordinaire constatation : « L'intendant de l'armée n'a connu l'adjonction du 24e corps que le 5 janvier au matin et n'a été prévenu que fortuitement de l'arrivée du 15e... Expliquera qui pourra un pareil oubli [1]. »

Telle était, dans son ensemble, la situation de l'armée de l'Est. D'un côté, commandement hésitant, tiraillé à la fois par des influences extérieures et plus encore par des conflits intérieurs; un chef vaillant et courageux, mais timoré, sans espoir dans le succès, sans confiance dans ses soldats; des cadres insuffisants, des services n'ayant que des moyens imparfaits et fonctionnant très irrégulièrement.

D'un autre côté, des troupes jeunes, peu mobiles, manquant d'une forte organisation, déprimées au point de vue physique, peu entraînées au point de vue moral.

Voilà le viatique avec lequel l'armée du général Bourbaki abordait l'expédition périlleuse qui lui était confiée! Qu'on ne vienne pas parler de fatalité, de rigueur du sort! Il n'était possible d'attendre, dans de telles circonstances, que mécomptes et déceptions.

4. *Projets d'opérations.* — Lorsque le gouvernement de la

---

[1] « Pour éviter de faire des faux mouvements dans l'envoi des denrées, j'ai besoin de savoir la direction que vous prenez. Pouvez-vous me l'indiquer? » (Dépêche de l'intendant Friant au général Bourbaki, 3 janvier.)

« Un intendant du 18e corps demande que j'envoie 150,000 rations à Gray. Cette demande me paraissant contraire à la marche de l'armée, je l'ajourne jusqu'à réception de vos ordres. » (Friant à Bourbaki, 5 janvier.)

Défense nationale organisa l'armée de l'Est, il eut pour but de chercher à rompre le cercle de fer et de feu qui enserrait Paris. La capitale assiégée exerçait sur toutes les intelligences françaises une espèce de fascination qui leur enleva les moyens de juger sainement de la situation. « Les forces militaires de la majeure partie de la France ont été employées à une série de tentatives, sans cesse renouvelées, ayant pour but de débloquer Paris. Lorsqu'on arrive à l'étude de cette partie de la campagne, le prestige inouï qu'on voit Paris exercer sur la nation française frappe l'esprit d'étonnement. On dirait vraiment que désormais la guerre n'a plus d'autre objet. » (Général VON HANNEKEN.)

Différents projets avaient été élaborés pour atteindre ce but[1]. Les uns, abordant directement l'ennemi, préconisaient la marche sur la capitale par Montargis et Fontainebleau[2]. Les autres, portant leurs efforts vers Langres et Chaumont, et désireux d'obtenir le résultat décisif par des manœuvres, auraient voulu séparer les armées envahissantes de leur pays d'origine et, par suite, les obliger à lever le siège de Paris pour assurer leur propre sécurité[3]. Enfin, un troisième projet ajoutait à ce désir de couper les communications de l'ennemi, l'idée du déblocus de Belfort.

« Transporter dans l'Est, par les voies ferrées, l'armée du général Bourbaki et la déposer aussi près que possible de l'ennemi. De là, après l'avoir renforcée de toutes les forces disponibles dans la région de l'Est, on la ferait remonter, ayant à sa gauche le corps commandé par le général Garibaldi, dans la vallée de la Saône; on débloquerait Belfort au passage, et, en appuyant la partie droite de l'armée sur les Vosges, on menacerait la base des communications de l'ennemi pour attirer dans l'Est les forces de l'Ouest et de Paris, qui alors obligeaient le général Chanzy à la retraite sur Laval et la Bretagne[4]. » (*Enquête parlementaire*. Déposition de M. de Serres.)

---

[1] « Il y a deux manières de forcer l'ennemi à abandonner sa position, la première est de l'attaquer et de l'en chasser; la deuxième de la tourner de manière qu'il ne puisse plus la tenir. » (NAPOLÉON). Pour nos jeunes troupes, la seconde méthode présentait de nombreux avantages.

[2] Voir Ch. DE FREYCINET, *La Guerre en province*, page 220 et suivantes.

[3] Projet de l'intendant général FRIANT. — Dépêche au Ministre de la guerre du 29 décembre 1870.

[4] Dans son ouvrage, *La Guerre en province*, M. de Freycinet a exposé le

Il s'agissait, on le voit, dans l'esprit du gouvernement : 1° d'intercepter les lignes de communications allemandes; 2° de faire lever le siège de Belfort. Ce dernier objectif ne présentait évidemment qu'une importance très inférieure. Il était la conséquence naturelle de la réalisation d'un projet dont l'idée avait été émise par Gambetta dès le 14 décembre : « Je tiendrais beaucoup à nous porter dans l'Est, sur les derrières de l'ennemi, en ramassant tout sur notre passage. »

En rompant la base de ravitaillement des armées allemandes, on arrêtait leur marche contre le général Chanzy ; on les obligeait, faute de vivres et de munitions, à lever le siège de Paris pour se reporter en arrière. « Or, le déblocus de Paris, c'était le relèvement des forces morales de la nation, c'étaient de nouvelles armées en campagne[1]. » C'était une nouvelle phase de la lutte, dont l'issue ne peut être présumée.

Malheureusement, la partie accessoire du projet absorba l'opération tout entière. Sans souci des conséquences redoutables d'un échec, l'armée de l'Est fut portée sur Belfort, dont la délivrance nous importait peu et ne pouvait avoir d'influence sur l'issue de la campagne. « Débloquer Belfort était sans doute un coup de main intéressant à tenter, mais dont l'importance stratégique, dans la situation où se trouvait la France, à la fin de décembre, était nulle si le général n'espérait pas pouvoir obtenir mieux et plus[2]. »

Mais si, à la guerre, rien ne vaut que par l'exécution, le plan adopté, réduit à d'infimes proportions, présentait encore de très grandes difficultés. Il exigeait, en effet, un secret absolu[3] et une grande vitesse d'exécution. Pas d'hésitation, pas de tâtonnements, pas de perte de temps. L'exposé historique montrera comment ces conditions furent remplies.

---

même plan avec quelques variantes. Il ajoute : « Le projet ne marquait, bien entendu, que les traits généraux et laissait les mesures d'exécution aux chefs d'armée. »

[1] Lieutenant-colonel ROUSSET, *Histoire générale de la guerre franco-allemande*.

[2] Colonel SECRÉTAN.

[3] Notons combien peu l'état-major du général Bourbaki se souciait de cette condition essentielle de succès lorsque, le 8 janvier, il discutait en plein public, dans un café de Montbozon, les ordres et les intentions du général en chef.

Il était indispensable également d'assurer la sécurité des flancs et des communications de l'armée de l'Est. Sans doute, celui-là assure le mieux sa ligne de retraite qui bat l'ennemi le plus vigoureusement qu'il peut. Mais ici, la situation était très spéciale. L'ennemi était devant et derrière.

Le général Bourbaki avait instamment réclamé que l'on assurât sa sécurité. Le gouvernement l'avait compris et, bien inspiré, voulait confier cette mission à la division Cremer. Le général en chef, désireux de n'aborder l'ennemi qu'avec toutes ses forces, préféra l'appeler à lui. M. de Freycinet la remplaça par le corps de Garibaldi et les mobilisés du général Pélissier.

Les circonstances ont prouvé que Bourbaki a eu tort. Mais qui oserait l'en accuser? Pouvait-il prévoir que les 40,000 hommes du général italien ne serviraient absolument à rien et que leur chef se laisserait masquer par l'armée de Manteuffel?

CHAPITRE II

Allemands.

1. Valeur des troupes du général de Werder. — 2. Constitution de l'armée du Sud.

1. *Valeur des troupes du général de Werder.* — Il est inutile de s'attarder à étudier l'armée du général de Werder au point de vue matériel. Elle est composée de soldats aguerris, de chefs expérimentés qui savent réduire au minimum les inconvénients de la saison.

Le XIVe corps allemand formait un groupement de 23 bataillons, 20 escadrons, 72 pièces, 1 compagnie de pionniers. La IVe division de réserve comptait 15 bataillons, 8 escadrons, 36 pièces et 1 compagnie de pionniers. Le général de Werder disposait donc de 38 bataillons, 28 escadrons, 108 pièces et 2 compagnies de pionniers. C'était un ensemble d'environ 40,000 combattants.

La valeur morale de ces troupes ressort clairement de la façon dont elles se sont comportées pendant le mois de janvier 1871. Aucune armée ne fit plus de marches ni de contremarches. Les opérations de nuit furent fréquentes. Jamais il n'y eut de plus longs moments d'attente vaine, jamais plus de contre-ordres que dans le corps de Werder. Et cependant pas de trace de démoralisation.

C'est que les soldats ne forment qu'une même âme avec leur chef; ils comprennent celui-ci. Ils sentent que, malgré cette apparente incertitude, ils sont en de bonnes mains et qu'il n'y a aucune raison de perdre confiance. Ce n'est pas, en effet, ce que l'on exige des hommes qu'il faut envisager, mais bien quel est le chef qui exige la chose et surtout comment il l'exige.

2. *Constitution de l'armée du Sud.* — Jusqu'au 5 janvier, les mouvements de l'armée française avaient échappé à l'attention

de l'ennemi. Cependant, sur des renseignements venus un peu de partout, le général de Werder avait concentré le XIVe corps autour de Vesoul dès le 1er janvier. La IVe division de réserve était venue le rejoindre ; elle avait laissé au siège de Belfort trois bataillons[1] et quatre batteries d'artillerie.

Les combats du 5 janvier sur le front des positions allemandes, les renseignements obtenus des prisonniers firent connaître la marche sur Vesoul de trois corps d'armée français. De Werder se concentre le 6 en arrière du Durgeon et fait part des renseignements recueillis à M. de Moltke. Celui-ci prend sans tarder les mesures les plus détaillées pour parer à l'imminence du danger ; le 7 janvier, il adressait à de Werder les instructions suivantes :

« J'ai l'honneur d'informer très respectueusement Votre Excellence que, d'après les renseignements qui nous sont parvenus, il est fort probable que la majeure partie de l'armée de Bourbaki s'est dirigée contre vous. Sa Majesté a prescrit en conséquence de réunir le IIe et le VIIe corps sur la ligne Châtillon-sur-Seine—Nuits, et, afin d'imprimer une direction d'ensemble aux opérations sur le théâtre oriental de la guerre, Elle a appelé le général de cavalerie baron de Manteuffel au commandement supérieur de ces corps, ainsi que des troupes placées sous les ordres de Votre Excellence.

« Le général de Manteuffel doit arriver incessamment à Châtillon-sur-Seine. Jusqu'au moment où il prendra le commandement effectif de la nouvelle armée, Votre Excellence dirigera Elle-même les opérations des troupes qu'Elle avait jusqu'alors sous ses ordres et continuera, comme par le passé, à correspondre directement avec le grand quartier général.

« J'appellerai de plus l'attention de Votre Excellence sur les points suivants :

« 1. Le siège de Belfort doit être protégé à tout prix. Sa Majesté compte que, une fois dégagé du soin de couvrir le terrain à l'ouest des Vosges, Votre Excellence sera en mesure, en recourant au besoin à toutes les troupes qui ne seraient pas strictement indispensables au maintien du blocus, de contenir

---

[1] Bataillons de landwehr de Tilsit, d'Insterburg et de Gumbinnen.

l'offensive contre Belfort jusqu'au moment où l'intervention des deux corps d'armée susdits deviendra sensible. Votre Excellence aura à se préoccuper seulement de bien assurer son flanc droit; à cette fin, il paraîtrait essentiel de détruire à fond les routes qui traversent la partie sud des Vosges, en faisant surveiller l'opération par un corps détaché.

« 2. Votre Excellence voudra bien ne pas perdre de vue les mouvements que l'ennemi pourrait tenter à l'ouest des Vosges, dans la direction du Nord, et Elle aura à demeurer en rapport, à cet effet, avec le gouverneur général de Lorraine, lequel reçoit de son côté, des instructions dans le même sens.

« 3. Le gouverneur général d'Alsace est invité à étouffer, par tous les moyens dont il dispose toute tentative de soulèvement sur les derrières de Votre Excellence. Si pareil cas venait à se produire dans le rayon d'action de vos troupes, l'intérêt de ces dernières aussi bien que celui de la population elle-même commanderait d'user de la dernière rigueur dans leur répression individuelle ou collective.

« 4. Dans le cas ou un mouvement rétrograde deviendrait momentanément nécessaire, Votre Excellence s'attacherait néanmoins à conserver le contact le plus direct avec l'adversaire, de telle façon que si celui-ci venait à s'affaiblir devant vous, Vous puissiez reprendre sur-le-champ l'offensive et l'empêcher de se jeter en forces supérieures sur le IIe et le VIIe corps, en marche pour vous rallier.

« 5. L'armée ennemie est organisée de la manière la plus défectueuse en ce qui concerne les convois de vivres et de munitions; il en résulte que ses opérations restent constamment liées à la voie ferrée. Dans le cas d'une marche agressive de l'adversaire contre votre front, toute opération menaçant en queue ses communications par voie de fer serait de nature à l'inquiéter particulièrement et cette considération devra donc également entrer en ligne de compte dans la détermination du moment opportun pour l'offensive. Le gouverneur général de Lorraine est chargé de préparer et d'assurer au besoin la destruction des sections ferrées Langres—Chaumont et Epinal—Saint-Loup. Comme la section Belfort—Mulhouse est encore impraticable pour longtemps, Votre Excellence voudra bien veiller, le cas échéant, à ce que la section Mulhouse—Bâle soit mise hors de service de façon à en interdire sûrement le rétablissement en huit ou quinze jours.

« 6. Le ministre de la guerre grand-ducal badois est invité à faire arriver dans la partie sud du grand-duché des troupes de dépôt pour le cas où, dans la suite, il deviendrait momentanément nécessaire de surveiller le Rhin et d'en interdire le passage à des partis ennemis[1]. »

L'armée de l'Est voyait ainsi surgir contre elle un nouvel et redoutable adversaire. Mais elle était en contact avec les troupes du général de Werder. Une collision inévitable devait se produire avant toute intervention de l'armée du Sud : ce fut le combat de Villersexel, ce fut la bataille de la Lisaine, épisodes honorables de cette funeste guerre, efforts inutiles échouant comme tant d'autres devant la puissante organisation des armées allemandes.

Ainsi se vérifient ces paroles de M. de Moltke : « Le soulèvement en masse d'une nation, fût-elle aussi brave que l'est celle-ci, est impuissant vis-à-vis d'une armée petite, mais bien instruite. » (*Lettre du 27 octobre 1870.*)

---

[1] Le général de Werder ne reçut ces instructions que le 10 janvier.

CHAPITRE III

Positions occupées par les adversaires le 8 janvier 1871.

1. Français : Ordres donnés par Bourbaki. — 2. Allemands : Ordres donnés par de Werder.

1. *Français. — Ordres donnés par Bourbaki.* — L'intention du général Bourbaki était de déborder l'aile gauche du général de Werder et par suite de le couper entièrement de Belfort et des troupes de siège. L'occupation sérieuse de Vesoul par les troupes allemandes force le général en chef à obliquer plus à droite pour atteindre le but qu'il s'est proposé. C'est alors qu'il entame cette marche vers l'Est qui, observée par les patrouilles allemandes, amène les corps français, dans la soirée du 8 janvier, à l'occupation des points suivants :

a) Le 18e corps atteint Montbozon;
b) Le 20e corps arrive à Rougemont;
c) Le 24e est aux environs de Cuse;
d) Le 15e commence à débarquer à Clerval;
e) La division Cremer, encore à Dijon, est appelée à Vesoul.

La marche sur Belfort devait continuer le lendemain, 9 janvier. Les mouvements furent réglés par l'ordre suivant :

« Montbozon, 8 janvier 1871.

« L'armée continuera demain, 9 du courant, le mouvement commencé les jours précédents. La partie disponible du 15e corps occupera les positions qui s'étendent le long de la route de Fontaine à Belfort par Arcey, depuis la Guinguette jusqu'au village d'Onans.

« Le 24e corps appuiera son extrême droite au ruisseau de Scey; il occupera Villechevreux et s'étendra par sa gauche jusqu'à Georfans et Grammont. Le 20e corps occupera les villages de Villargent, Villers-la-Ville et Les Magny. Le 18e corps occupera Villersexel, Autrey-le-Vay, Esprels, le bois de Chassey; la réserve occupera Abbenans et Cubry. La brigade de réserve de cavalerie sera cantonnée à Fallon. Le grand quartier-général sera établi à Bournel entre les villages de Cuse et de Cubry.

« Toutes les dispositions prescrites les jours précédents, pour assurer la sécurité des troupes pendant la durée du mouvement, comme pour dissimuler le mieux possible notre marche à l'ennemi et pour relier les corps entre eux seront scrupuleusement observées.

« Tous les convois du 18e corps seront tenus sur la rive gauche de l'Oignon ; les troupes laissées sur la rive droite recevront des instructions précises pour passer l'Oignon si elles se trouvaient obligées de se replier devant des forces supérieures.

« Les reconnaissances seront poussées au loin et faites avec le plus grand soin.

« Les commandants de corps d'armée feront connaître au général en chef le point choisi par eux pour établir leur quartier général. »

Sans vouloir entrer dans une étude détaillée de cet ordre, on peut observer qu'il manque absolument de renseignements sur l'ennemi. Sans doute, ce serait avoir de l'esprit d'après-coup, de l'esprit d'escalier, que de vouloir reprocher au général Bourbaki des erreurs d'appréciation ou des imprécisions dans les détails. Mais l'ordre du 8 janvier ne semble qu'incidemment prévoir la proximité immédiate des troupes allemandes. On y chercherait en vain l'intention du général en chef à laquelle auraient dû être initiés les sous-ordres qui peuvent être appelés à une action indépendante. Cette lacune, grosse de conséquences, est peut être la raison, non pas seulement de l'absence d'initiative de la part du commandement subalterne, mais surtout du manque d'unité dans les efforts de tous qui, dès lors, s'éparpillent sans résultats appréciables.

2. *Allemands. — Ordres donnés par de Werder.* — Le général de Werder, en occupant à Vesoul une position sur le flanc de l'ennemi, avait eu pour but de voir venir l'armée française avant de prendre ses dispositions. Dès ce résultat atteint, il choisit habilement le moment propice pour se retirer. Convaincu, dès le 8, que l'armée française se déplace des abords sud-ouest de

Vesoul vers l'Est, que, par suite, elle marche sur Belfort, le général allemand prend immédiatement ses mesures pour reporter vers la Haute-Alsace sa ligne d'opérations.

Toute la nuit, il continue d'envoyer des reconnaissances. Un magnifique clair de lune les favorise, et leurs résultats ne font que confirmer tous les renseignements que l'on possède déjà ; elles signalent de plus l'occupation de Villersexel.

A 3 heures du matin, de Werder, avec une grande sûreté de vues, donnait ses ordres pour la journée du lundi, 9 janvier. Son but est simple : suivre les Français, les reconnaître et arrêter leur marche en prenant l'offensive par un coup droit dans le flanc de Bourbaki. Ce faisant, il assurait la sécurité de Belfort ; puisqu'il obligeait une armée marchant face à l'Est à se déployer face au Nord.

« L'ennemi a fortement occupé Villersexel ; ses avant-postes se sont retirés d'Echenoz-le-Sec. En conséquence, la division grand-ducale badoise, rompant sur-le-champ, se portera par Vy-lès-Lure sur Athésans.

« La division de Schmeling marchera de suite sur Villersexel en laissant le gros en position à Aillevans. Le général von der Goltz lancera immédiatement sa cavalerie sur Les Monnins et Vallerois-le-Bois et gagnera avec son détachement Noroy-le-Bourg où il recevra de nouveaux ordres.

« Le général Keller ne poussera pas de reconnaissance vers le Sud avec la 3e brigade.

« Deux bataillons de la division badoise (autant que possible ceux qui sont en avant-postes) resteront sous le commandement d'un colonel ou d'un lieutenant-colonel, dans Vesoul, où ils seront rejoints par six compagnies, un escadron et deux batteries venant de Port-sur-Saône.

« Les communications me concernant me trouveront d'abord à Noroy-le-Bourg, puis à la division Schmeling. »

Notons que le général de Werder pouvait, dans son ordre, ne pas rappeler quel était son but. Dans la soirée du 5 janvier, les généraux Glümer, de Schmeling et von der Goltz avaient été informés de l'appréciation du général en chef sur la situation et du plan d'opérations qu'il adoptait en conséquence.

IIe PARTIE

L'engagement du 9 janvier 1871

PRÉLIMINAIRES

Description du terrain de combat[1]. — Villersexel est suspendu au flanc d'une croupe dont l'Oignon baigne le pied. La rivière, venant du Nord, se heurte à cette colline sur laquelle s'étage la localité; elle se détourne un moment vers l'Ouest jusqu'au hameau de Moimay, pour reprendre ensuite sa direction primitive vers le Sud. La vallée de l'Oignon est découverte; la rivière court dans des prairies plus ou moins marécageuses, dessinant plusieurs bras qui entourent de petits îlots.

Le hameau de Marast forme avec Moimay et Villersexel une ligne droite au nord de laquelle, dans de grands bois épais où dominent les arbres à feuilles caduques, s'enfoncent la route d'Esprels à Aillevans, ainsi qu'un tributaire de l'Oignon, le Lauzin, petit ruisseau qui fait tourner quelques moulins. La route de Villersexel à Aillevans traverse le bois du Grand-Fougeret et rejoint la précédente à La Grange-d'Ancin, tandis que l'Oignon et le chemin de Longevelle limitent la forêt à l'Est. La grande route, qui coupe le terrain de la lutte de l'Ouest à l'Est, passe la rivière sur un beau pont à l'endroit de sa plus grande largeur (250 mètres).

En 1870, Villersexel compte 1500 habitants. C'est un important nœud de routes, mais sa valeur défensive est assez médiocre, du moins du côté du Nord. La présence, à une distance moyenne de 1500 mètres, d'une ceinture de bois et de villages

---

[1] Voir la carte au 1/80,000.

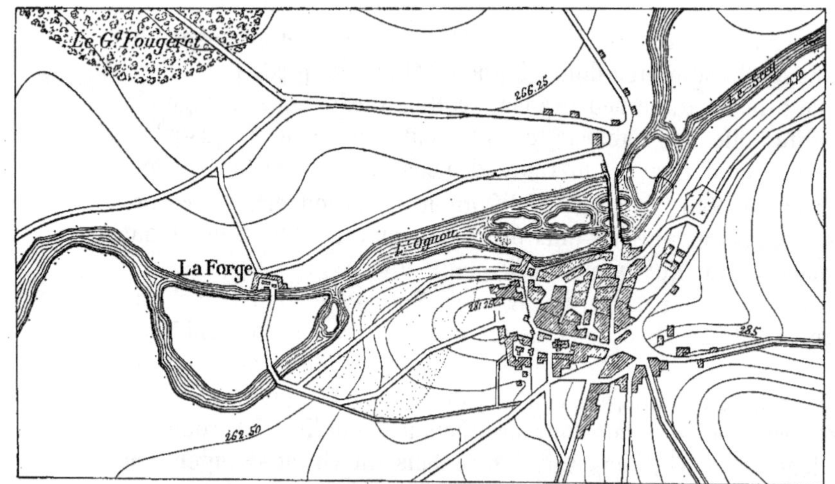

Plan de Villersexel (Échelle de 1/15,000).

facilite les approches et fournit à une attaque des points d'appui avantageux.

La bourgade se compose de deux parties, la ville basse et la ville haute, que relient des rues en pente, généralement raides et parfois même en escalier.

Dans la partie haute, la route de Cuse forme avec celle de Villers-la-Ville un carrefour important. A gauche, c'est la rue principale du bourg qui se termine par une place où s'élèvent l'église et la mairie, et qui est voisine de l'entrée du château. A droite, c'est une rue à pente rapide qui va passer l'Oignon sur le pont de pierre. Près de ce carrefour, on remarque une sorte d'arcade dont la partie supérieure est habitée et autour de laquelle la lutte sera particulièrement chaude.

Dominant tout le paysage, se dresse le superbe château de Grammont, vaste édifice à deux étages, avec deux ailes, dont la façade principale mesure 70 mètres. Le parc, entouré de murs peu élevés et en assez mauvais état du côté du village, s'étend vers l'Ouest jusqu'à la rivière. Il est boisé dans sa partie ouest et atteint 500 mètres dans sa plus grande dimension. Une passerelle suspendue, appelée pont de la Forge, permet de franchir l'Oignon et de pénétrer dans les dépendances du château.

Le dimanche 8 janvier, dans la soirée, Villersexel fut occupé par deux compagnies du 1er bataillon du 58e mobiles (Vosges)[1]. C'était une sorte de grand'garde lancée par le 20e corps à une distance incompréhensible. Ces troupes barricadèrent le pont aux deux extrémités. Un chemin couvert, fait de madriers et de ballots, reliait les deux abris.

---

[1] Certains auteurs signalent l'occupation de Villersexel, le 8 au soir, par un bataillon des mobiles de la Corse et un bataillon des mobiles des Vosges. Nous appuyant sur les historiques de ces corps, nous croyons que les Corses n'atteignirent Villersexel que le 9 au matin, lancés en avant par le général Ségard, aux premiers coups de canon.

CHAPITRE PREMIER

Première partie de la lutte : de 9 heures à midi.

1. Attaque de la IVe division de réserve. — 2. Résistance des mobiles des Vosges et de la Corse. — Abandon de Villersexel.

1. *Attaque de la IVe division de réserve.* — Les troupes allemandes s'étaient mises en route vers 4 heures du matin. Désireux de couvrir au plus tôt les lignes de Belfort, de Werder avait ordonné, à 6 heures, à la 1re brigade badoise, de se diriger sur Couthenans avec deux batteries et quelques cavaliers, en passant par Lure, Roye, Lyoffans et Béverne. Le ciel était clair, le froid très vif et la neige abondante.

Vers 8 heures, la IVe division de réserve[1], venant de Borey où elle s'était rassemblée à 6 h. 45, atteignait Aillevans où elle devait jeter un pont sur l'Oignon. Le travail commença aussitôt, protégé par le 2e escadron du 3e régiment de uhlans de réserve qui traversa la rivière à gué, suivi des 3e et 4e compagnies du bataillon de landwehr de Thorn[2]; les hommes avaient de l'eau jusqu'à mi-jambe. Longevelle et les hauteurs du Sud furent occupées par la 3e compagnie, renforcée bientôt par le bataillon de Wehlau qui traversa également l'Oignon à gué. De faibles éléments d'infanterie française, qui occupaient Saint-Sulpice, tirèrent quelques coups de feu, puis cédèrent la place lorsque le combat de Villersexel fut définitivement engagé.

---

[1] *Formation de marche.* — *Avant-garde* (général-major de Tresckow II) : 1er régiment d'infanterie rhénane n° 25; 1er régiment de uhlans de réserve; 1re et 2e batteries lourdes de réserve.

Gros (colonel Knappe de Knappstaedt) : bataillon de Wehlau; 2e régiment combiné de landwehr de la Prusse orientale; 1er, 2e et 4e escadrons du 3e régiment de uhlans de réserve; 1re, 2e et 3e batteries légères de réserve; 2e compagnie de pionniers de place du VIIe corps d'armée avec une section d'équipage de pont.

[2] La 2e compagnie du bataillon de Thorn était détachée comme escorte des convois qui avaient été mis en marche par la route de Lure.

L'avant-garde de la division Schmeling poussait sur Villersexel et arrivait, à 8 h. 45, au débouché sud du Grand-Fougeret. Ce fut, devant elle, comme le déroulement d'un décor derrière le flottant rideau des brumes de la vallée qui remontait avec lenteur vers les frises. Sur l'autre bord de la rivière, la ville s'étalait en amphithéâtre, dominée par le château dont la masse se profilait au sommet de la pente.

La marche était brusquement arrêtée par une fusillade violente, partie des abords nord-est de la ville. C'étaient les deux compagnies des mobiles des Vosges qui, à peine abritées, préludaient au combat et obligeaient le général de Tresckow II à déployer ses forces.

Douze pièces sont mises aussitôt en batterie au nord de la route, le long de la lisière du bois, à un kilomètre à peine de la localité. Elles couvrent d'obus le pont, les maisons avoisinantes et le château. Sous leur protection, les fusiliers du 25e régiment se déploient pour attaquer la barricade. Vers 10 heures, deux compagnies (9e et 10e) se préparent à aborder de front la position; elles s'avancent jusqu'à 300 mètres du pont. Très éprouvées, elles doivent s'arrêter et s'embusquent derrière les quelques maisons de la rive droite. Une troisième compagnie (8e) couvre le flanc droit et va occuper Moimay où nous n'avons personne. Elle déploie un peloton le long de la rive droite de l'Oignon, que borde une ligne de peupliers. Le reste de l'avant-garde s'avance sous bois en formation massée. Le 1er bataillon du 25e régiment, rappelé du gros, se place en réserve près des deux batteries où se trouvent déjà les 5e, 6e et 7e compagnies.

2. *Résistance des mobiles des Vosges et de la Corse.* — Cette première attaque se heurte à des renforts que venaient de recevoir les compagnies de mobiles.

De très bonne heure, le 20e corps avait commencé son mouvement. Le 3e escadron du 6e cuirassiers, envoyé en reconnaissance au petit jour sur Villersexel, faisait connaître la présence de l'ennemi au général commandant la 3e division. Celui-ci lance en avant le 1er bataillon et deux compagnies du 2e bataillon des mobiles de la Corse, avec mission d'occuper le village de Villersexel; ce renfort atteint son poste vers 9 heures.

Il est grand temps. Les compagnies des Vosges sont décimées; le capitaine Antoine est blessé à la tête par deux éclats d'obus; son lieutenant est frappé à mort; un sous-lieutenant s'efforce de maintenir au feu les débris dont il peut encore disposer.

Le commandant Micheli, avec les 7e et 8e compagnies de la Corse, est chargé de la défense du pont de l'Oignon. Les 2e, 5e et 6e compagnies s'échelonnent entre le pont et le château de Grammont. La 3e compagnie occupe le château. Sur le front, une fusillade des plus vives accueille les tentatives des tirailleurs du 25e régiment rhénan. La défense est acharnée et tout à l'honneur de ces troupes, qui voyaient le feu pour la première fois.

Le général de Tresckow II, convaincu de l'inutilité d'une attaque de front, cherche alors à tourner l'obstacle. Une reconnaissance habile de la 2e compagnie (lieutenant de Hertel) lui en donne les moyens par la découverte de la passerelle étroite de la Forge qui, malheureusement, n'avait pas été détruite et qui était insuffisamment gardée.

Les 11e et 12e compagnies du 25e régiment marchent sur les bâtiments de la Forge, qui sont immédiatement occupés et organisés par la 5e compagnie. Elles traversent l'Oignon sur la passerelle, débusquent à coups de fusil un poste d'une soixantaine de mobiles qui en occupe le débouché oriental.

Maîtresses du passage, les deux compagnies ennemies pénètrent lentement dans le parc, s'y reforment et abordent le château, aussi faiblement organisé qu'il fut faiblement défendu. Le capitaine, le lieutenant et quelques mobiles de la 3e compagnie corse parviennent seuls à s'échapper[1].

Dès lors, les défenseurs du pont étaient pris à revers. L'attaque de front, conduite par le major Malisius, avait, en première ligne, les 9e et 1re compagnies; les 10e et 3e suivaient en deuxième ligne. Elle abordait énergiquement la barricade qui, balayée par les obus, devenait intenable. Les mobiles de la Savoie, à peine soutenus par deux batteries du 18e corps qui

---

[1] D'après l'*Historique du 1er régiment d'infanterie rhénan*, n° 25, rédigé par le colonel DE Loos, 3 officiers et 94 mobiles furent capturés dans le château.

apparaissent un instant sur les hauteurs d'Autrey-le-Vay, durent se replier précipitamment en laissant entre les mains de l'ennemi 80 prisonniers environ.

La retraite à travers Villersexel était d'ailleurs impossible. Le colonel de Loos avait, par le parc du château, fait filer cinq compagnies qui occupaient la localité : 12e, 6e, 7e, 2e et 4e. Les défenseurs du pont durent se rejeter vers le Nord, sur Beveuge, et disparaître à la faveur des abris de la vallée du Scey.

3. *Abandon de Villersexel.* — L'infanterie prussienne prenait possession de Villersexel, où quelques mobiles réussissaient cependant à se dissimuler dans les caves et les maisons. D'autres, refoulés sur Villers-la-Ville et Les Magny, étaient culbutés par le 2e escadron du 1er régiment de uhlans de réserve qui captura 2 officiers et 60 hommes [1]. Le reste du régiment de cavalerie couvrait la marche de l'artillerie de l'avant-garde qui prenait position à la sortie est de Villersexel. Il était 1 heure du soir.

---

[1] D'après von der Wenger, *La Bataille devant Belfort en janvier 1871*, au moment de la charge, les officiers crièrent inutilement à leurs mobiles : « Tirez donc! tirez donc! » Aucun coup de feu ne fut tiré.

CHAPITRE II

Deuxième partie de la lutte : de 1 heure à 4 heures.

1. La division Feillet-Pilatrie aux environs d'Esprels. — 2. Ordres donnés par de Werder. — 3. Marche de la brigade von der Goltz. — 4. Déploiement de l'armée de l'Est. — 5. Combat au sud-est de Villersexel. — 6. Nouveaux ordres du général de Werder.

1. *La division Feillet-Pilatrie aux environs d'Esprels.* — Le général de Werder, ainsi qu'il l'avait consigné dans l'ordre du 9 janvier, avait marché avec le gros de la division Schmeling. Des hauteurs d'Aillevans, cote 319, où il s'était porté, le général allemand fouillait avec une évidente satisfaction la plaine de Villersexel, éclairée par un pâle soleil d'hiver. Une heure se passa sans que rien lui fît soupçonner l'approche d'un renfort ennemi. Tout à coup, il put apercevoir, vers le Sud, des colonnes qui débouchaient du bois de Chassey. C'était le 18e corps qui exécutait les ordres donnés le 8 au soir.

Le général Bourbaki, arrivé sur le champ de bataille, prescrivait au 20e corps de réoccuper Villersexel et de border le Scey au Nord-Est. Le 18e corps devait s'établir sur les hauteurs d'Esprels, tout en dirigeant une division sur Villersexel.

Le général Billot porte alors la division Feillet-Pilatrie sur Esprels, Autrey-le-Vay et Pont sur-l'Oignon ; la division Penhoat est lancée sur Villersexel; la division Bonnet reste en position d'attente, pendant que la réserve d'artillerie se dirige sur Esprels.

La brigade Leclaire, repoussant un escadron de uhlans, atteint Esprels vers 11 heures du matin, suivie de toute la 1re division d'infanterie. Au nord du village, le terrain s'élève et forme un plateau dénudé qui domine la plaine. A gauche, la vue est arrêtée par les bois de la Bouloye ; à droite, la plaine s'étend en pentes douces et boisées jusqu'à l'Oignon.

Des reconnaissances faites par le lieutenant Gœudin et le sous-lieutenant Ballereau, du 5e cuirassiers, signalent les Allemands à la fois en avant et sur la gauche, à Marast et vers Les Pateys.

Le général Billot, qui marchait avec son avant-garde, fait prendre position, sur les hauteurs au nord d'Esprels, à l'artillerie de la 1re division, bientôt rejointe et renforcée par l'artillerie de réserve sous la conduite du commandant Brugère. « L'air sent la poudre; de tous côtés on marchait rapidement, sans cesse le canon se faisait entendre[1] .»

Le 9e bataillon de chasseurs à pied de marche et le 2e bataillon des mobiles du Cher, jetés en avant en tirailleurs, sous les ordres du commandant Libermann, occupent Autrey et le bois du Chanois. Le 3e bataillon de ce même régiment est en réserve, masqué par des plis du terrain. En arrière, le 1er bataillon sert de soutien à l'artillerie.

Le 42e de marche prend position sur les hauteurs au nord-ouest d'Esprels; il échelonne six compagnies face à l'Ouest pour prévenir une surprise de l'ennemi sur la gauche. Deux compagnies sont détachées en soutien d'artillerie.

La brigade Robert a quitté Thieffrans vers 8 heures du matin. Éclairée par un guide du pays, elle traverse le bois de Chassey et ne débouche aux Pateys, d'où elle protège notre gauche, qu'à 2 heures du soir, ayant mis six heures à parcourir sept à huit kilomètres.

2. *Ordres donnés par de Werder.* — Le mouvement ainsi accentué du 18e corps français constituait une sérieuse menace pour le flanc droit des troupes allemandes engagées. Pour celles-ci, la possession de Moimay devenait d'une grande importance. Ce village ferme, en effet, le défilé entre le bois du Grand-Fougeret et l'Oignon, et son occupation garantit Villersexel contre un mouvement débordant. De Werder veut le tenir à tout prix et son attention se porte également sur le village de Marast, sérieux point d'appui de droite de la ligne défensive formée par Villersexel et Moimay.

Le général de Werder, prévenu du mouvement français par une patrouille de uhlans et par les postes d'observation de la IVe division de réserve, appelle la brigade von der Goltz à La Grange d'Ancin; il la charge de couvrir la division Schmeling

---

[1] Lieutenant-colonel DE CHOULOT.

vers Marast et Moimay, et de secourir au besoin les troupes qui occupent Villersexel.

Le général de Schmeling reçoit l'ordre de porter le gros de sa division d'Aillevans sur Saint-Sulpice et d'occuper le pont du ruisseau de Scey, au sud-est de cette localité.

L'avant-garde de la division badoise est rappelée d'Athesans sur Aillevans, pendant que le gros prend la même direction par Arpenans[1]. Le 2e bataillon du 3e régiment d'infanterie et la 2e batterie lourde sont détachés pour relever, à la garde du pont d'Aillevans, les éléments de la IVe division de réserve. Ces troupes devront établir la liaison avec Villersexel par Saint-Sulpice et Notre-Dame-de-la-Pitié.

3. *Marche de la brigade von der Goltz.* — La brigade von der Goltz se mit en mouvement sans tarder[2]. Les batteries du 18e corps ayant ouvert le feu, l'artillerie de l'avant-garde badoise, bientôt rejointe par la batterie du gros, déboîta rapidement de la route de La Grange-d'Ancin à Villersexel et, sous la protection de deux compagnies (6e et 7e) du 30e régiment, se déploya entre Villersexel et Moimay. Les deux compagnies furent jetées dans ce dernier village, où elles rejoignirent la 8e compagnie du 25e régiment, de la division Schmeling. La 1re et la 2e compagnie du 30e régiment occupèrent la rive droite de

---

[1] La première brigade elle-même, en route pour Couthenans, recevait l'ordre de s'arrêter à Lure. Von der Wenger fait observer avec raison que ce fut une faute d'arrêter les Badois en marche vers Belfort. En raison de son infériorité numérique, de Werder ne pouvait espérer battre Bourbaki, mais il avait tout intérêt à le devancer le plus possible devant Belfort.

[2] *Formation de marche.* — *Avant-garde* (lieut.-colonel Nachtigal) : 1er et 2e bataillons du 4e régiment d'infanterie rhénane, n° 30 ; 3e escadron du 2e régiment de hussards de réserve ; batterie lourde de réserve du Ier corps d'armée ; 1re batterie légère de réserve du IIIe corps d'armée.

Gros (colonel Wahlert) : bataillon de fusiliers du 4e régiment d'infanterie rhénane, n° 30 ; régiment de fusiliers de Poméranie, n° 34 ; 1er et 4e escadrons du 2e régiment de hussards de réserve ; 2e batterie légère de réserve du IIIe corps d'armée.

Nota. — Le 2e escadron du 2e hussards de réserve couvrait le flanc droit de la brigade durant le mouvement en avant. La 12e compagnie du 30e régiment était détachée à l'escorte des convois à Lure ; la 10e compagnie du 34e était aux équipages régimentaires. Le 2e régiment de dragons de réserve qui avait passé la nuit à Lure, venait aux environs d'Aillevans.

l'Oignon entre Moimay et Villersexel. Les trois autres compagnies de l'avant-garde du colonel Nachtigal restèrent momentanément en réserve.

Le gros était dirigé sur Moimay et Marast. Sept compagnies du 30e régiment (3e, 4e, 5e, 8e, 9e, 10e et 11e) restaient en position d'attente à La Grange-d'Ancin. Des partis français occupaient déjà Marast. Une tentative pour s'en emparer faite, vers 3 heures, avec la 2e et la 3e compagnie du 34e régiment, auxquelles s'était jointe la 1re compagnie du bataillon de landwehr de Thorn, échouait. Les compagnies du 34e se repliaient en partie vers Les Grands-Bois et en partie sur Moimay à travers le bois des Brosses. La compagnie de landwehr rétrogradait sur La Grange-d'Ancin avec l'ordre de rejoindre son bataillon.

Marast était immédiatement renforcé et occupé par quatre compagnies du 42e de marche. Quatre autres compagnies garnissaient les crêtes en arrière du village.

Le combat se poursuivit avec un acharnement extrême. Une nouvelle attaque tentée par l'ennemi échoua encore devant la ferme attitude des soldats du 42e de marche.

Von der Goltz, constatant qu'il est en présence de forces sérieuses et désireux de se maintenir malgré tout dans Moimay, dirige sur cette localité le 34e régiment d'infanterie (2e bataillon, 1re, 4e, 9e, 11e et 12e compagnies) et la 2e batterie légère de réserve du IIIe corps.

Confiant dans la force du point d'appui de Moimay, il n'hésite pas à porter dans Villersexel huit compagnies du 30e régiment (3e, 4e, 5e, 8e, 9e, 10e, 11e et 12e) et la 8e compagnie du 25e; son but était de relever les fractions de la IVe division de réserve pour leur permettre de reprendre leur marche sur Belfort.

4. *Déploiement de l'armée de l'Est.* — Pendant ce temps, de Werder, de son observatoire d'Aillevans, pouvait suivre le déploiement de l'armée de l'Est.

C'était sur la route d'Esprels, la marche en avant de la division Feillet-Pilatrie qui venait garnir la ligne des hauteurs à l'ouest de Villersexel. Le 1er et le 3e bataillon du 42e de marche étaient en position à la lisière sud-est du bois de La Bouloye; la 14e batterie du 13e régiment, établie un peu au Sud, battait les abords de Marast et le village de Moimay. Deux autres batteries s'installaient immédiatement au nord-ouest d'Esprels, sous la protection d'un bataillon du 19e mobiles.

Le 44e régiment de marche avait quitté Les Pateys, vers 3 heures, pour marcher sur Esprels qu'il traverse. La direction est le village de Moimay. Le 1er bataillon se déploie à gauche de la route, le 2e à droite ; le 3e est en réserve à proximité de l'artillerie. Le régiment s'arrête en arrière de la crête, au sud-est du bois des Brosses, puis se ploie en colonne serrée par division et se porte derrière ce même bois que gardent toujours les mobiles du Cher et les chasseurs du 9e bataillon.

Les 6e et 7e compagnies du 30e régiment, les 5e, 7e et 8e compagnies du 34e, s'efforcent de pénétrer dans le bois ; elles y parviennent difficilement. Peu à peu, elles sont rejetées dans Moimay par un dernier effort des chasseurs à pied, soutenus par le 44e de marche.

Le 73e mobiles, placé dans le bois de Chassey, vers la Tuilerie, tenait notre extrême gauche.

Sur ces entrefaites, le général Billot avait envoyé plusieurs officiers à l'amiral Penhoat pour presser sa marche sur Villersexel ; il appelait à lui la cavalerie du général Brémond d'Ars qu'il installait en arrière et à droite de l'artillerie, près du cimetière. Le 2e hussards de marche gagnait Marast pour menacer au besoin le flanc droit de von der Goltz.

La division Penhoat avait éprouvé quelques difficultés à se mettre en route. Aussi le vice-amiral formait-il, vers 10 h. 30, une colonne légère avec les 1er et 3e bataillons du 52e régiment de marche, le 12e bataillon de chasseurs à pied et deux batteries de 4. Le lieutenant-colonel Perrin en recevait le commandement avec la mission d'aller occuper rapidement le pont de Villersexel, localité que d'ailleurs « l'on ne savait pas occupée par l'ennemi ». (Rapport de l'amiral Penhoat.) La colonne légère, par suite d'ordres et de contre-ordres, marchait sur Esprels, qu'elle atteignait vers 2 h. 30, puis passait l'Oignon à Pont-sur-l'Oignon et arrivait aux abords de Villersexel après 4 heures, animée d'une réelle ardeur. Le gros de la division, retardé par la cavalerie et l'artillerie du 20e corps qui obstruaient les routes, n'y parvint que vers 6 heures.

Plus à l'Est, les têtes de colonne du 20e corps débouchaient des Magny, se dirigeant sur Villers-la-Ville. La brigade Vivenot tenait le centre, la 3e division de gauche; la brigade Logerot formait l'aile droite du vaste demi-cercle qui, opérant concentriquement sur les deux rives de l'Oignon, allait se rabattre sur Villersexel.

A l'extrême droite, tout à fait à l'horizon, c'était le 24e corps qui marchait sur Saint-Ferjeux.

5. *Combat au sud-est de Villersexel.* — Les troupes allemandes de Villersexel, se voyant ainsi menacées, avaient marché de l'avant pour essayer de s'opposer à nos progrès. Vers 2 h. 45, quatre compagnies du 25e régiment (1re, 9e, 10e et 12e), appuyées par deux compagnies du 30e régiment (5e et 8e) et par la 2e batterie lourde de la IVe division de réserve, débouchaient dans la plaine, poussant deux compagnies dans le bois des Breuleux. Le gros de la division Schmeling prenait part également à ce mouvement offensif par le bataillon d'Ortelsburg et la 3e batterie légère.

Les troupes françaises, entraînées par le général Clinchant, entamaient franchement le mouvement en avant, facilité par le feu de deux batteries en position à Magny-le-Petit[1].

Le 1er escadron du 6e cuirassiers, capitaine de Briey, avait gagné Villargent; il s'y établissait et poussait des reconnaissances sur Beveuge et Villers-la-Ville. Celles-ci, ramenées rapidement par des uhlans, ne sont recueillies que grâce à un déploiement des cuirassiers en fourrageurs. Une section d'artillerie (lieutenant Alcan), entourée par les uhlans, est soutenue par ce même escadron et peut reprendre immédiatement son feu.

La brigade Logerot entrait en ligne vers 3 heures. Elle prenait comme objectif le village de Villers-la-Ville dont les abords, vers le Sud-Ouest, forment un glacis absolument dénudé. Le 55e régiment de mobiles (Jura) reçut l'ordre d'attaquer la localité. Le

---

[1] Le 1er bataillon des mobiles des Vosges leur servait de soutien. Chose incompréhensible, il avait été disposé en arrière des pièces dans une position telle que ses pertes furent sérieuses. L'intervention personnelle du général Clinchant porta ce malheureux bataillon en avant de l'artillerie et vers le bois de Chailles.

2e bataillon (commandant Michaud) après s'être déployé en tirailleurs, nettoyait rapidement Le Petit-Fougeret. Par les francs-tireurs du Haut-Rhin, il se reliait à gauche à la division Thornton. Le 1er bataillon, commandant de Vaulchier, gravissait le glacis vers Villers et exécutait « l'école de bataillon comme sur une place d'exercice ». Les Allemands n'attendirent pas le choc; mettant le feu au village, ils se replièrent sur Villersexel, pris d'écharpe par les batteries de la 2e division.

La division Polignac avait été appuyée par le 3e bataillon de la légion du Rhône, du 24e corps, retenu par le commandant de la division. Ce bataillon prit une part très brillante à l'attaque du village de Villers-la-Ville.

Le 3e zouaves avait relié son attaque à celle des mobiles du Jura. Le lieutenant-colonel Bernard dirigeait le 1er bataillon, (commandant Hogenbill) sur Le Petit-Magny; le reste du régiment garnissait la lisière nord des Grands-Bois. Le 1er bataillon déploie à gauche deux compagnies en tirailleurs; les autres s'abritent derrière un pli de terrain. Vers 2 h. 30, le lieutenant-colonel Bernard lance la 2e compagnie du 2e bataillon en tirailleurs dans la direction de la ferme Chariey. Sur l'ordre du général Clinchant, qui s'est porté vers le point coté 292, elle est bientôt suivie de cinq compagnies, puis du reste du régiment. Le ruisseau de la Peute-Vue est passé sur des ponts improvisés. Poursuivant sa marche sous les obus avec le plus grand aplomb, le 3e zouaves abordait à la nuit les premières maisons de Villersexel.

Pendant ce temps, la 3e division occupait, par le 47e de marche, le bois de Chailles, qui borde l'Oignon, et se reliait à gauche avec la division Penhoat.

6. *Nouveaux ordres du général de Werder.* — Devant ce déploiement d'ensemble de l'armée française, suivi d'une marche en avant qui lui paraissait décidée, le général de Werder se rendit compte que, en prolongeant sa propre offensive, il allait heurter de front des forces très supérieures. Des renseignements de cavalerie lui apprenaient, en effet, que le mouvement de l'armée française vers l'Est était arrêté. Il comprit le danger qu'il y avait à essayer de jeter ses propres troupes sur la rive gauche de l'Oignon, malgré la faculté que lui en donnaient les

ponts d'Aillevans. Il considéra dès lors comme beaucoup plus urgent d'interdire à l'armée française l'accès de la rive droite. De l'offensive, Werder passe à la défensive. D'ailleurs, l'élan vraiment réel de nos mobiles rend plus que les circonstances cette décision obligatoire.

En conséquence, il hâte la marche du gros de la division Schmeling sur Villersexel et se porte de sa personne, vers 3 h. 30, au point coté 300, sur la route de Villers-la-Ville. S'étant aperçu que ses troupes s'étaient engagées sans raison aucune dans un combat très vif où, comme nous l'avons vu, elles étaient loin d'avoir l'avantage, il leur ordonna de se replier sur Villersexel et de ramener les batteries sur la rive droite de l'Oignon. Il mit même ces troupes à la disposition du général von der Goltz pour la défense de Moimay. Le général les ayant refusées, elles allèrent se masser à la lisière du Grand-Fougeret.

Seul, le 25e régiment prussien resta dans Villersexel avec une batterie. La 11e compagnie avait relevé les fractions du 30e régiment sur la route du Cubrial, à la mairie et à la lisière Sud.

Le deuxième acte du combat est terminé. Le but poursuivi par de Werder est atteint : le contact avec l'ennemi est établi; la marche des Français vers l'Est est arrêtée.

CHAPITRE III

Troisième partie de la lutte : de 4 heures à 7 heures.

1. Attaque du 44e régiment sur Moimay. — 2. De Glümer enlève Marast. — 3. La division Penhoat s'empare du château de Villersexel. — 4. Le 20e corps attaque Villersexel.

1. *Attaque du 44e régiment sur Moimay.* — A partir de 4 heures du soir, les efforts des Allemands ont pour but la conservation de la ligne défensive fortement appuyée par Villersexel, Moimay et Marast. C'est contre ces localités que viennent se heurter les assauts de l'armée de l'Est.

Le 44e régiment de marche, en position derrière le bois des Brosses, recevait, vers 4 heures, l'ordre de s'emparer de Moimay. Il se porte en avant, « enlevé par le lieutenant-colonel Achilli. Couvert de blessures non encore fermées, cet incomparable soldat est le premier à l'attaque[1] ».

Le 1er bataillon, contournant le bois des Brosses par l'Est, se déploie sur un rang, gagne, sans trop de pertes, le ravin qui longe Moimay par le Sud et marche sur le village. Pendant ce temps, le 2e bataillon s'est déployé à l'est du bois et se porte en avant pour appuyer à droite le mouvement du 1er bataillon. Les compagnies du 44e régiment arrivent ainsi à la crête du plateau sur lequel est assis le village : elles sont accueillies par un feu très vif. « Là, le terrain est nu et sans abri, il faut ainsi franchir cent mètres pour se heurter à ces murs, à ces maisons crénelées derrière lesquelles attend l'ennemi. Le feu part de tous les points : les étages élevés, les greniers, les clochers sont garnis de défenseurs[2]. »

Devant cette fusillade terrible, la marche en avant est arrêtée ;

---

[1] Amédée Le Faure, *Histoire de la Guerre franco-allemande.*
[2] *Historique du 44e de marche.*

les efforts des officiers sont impuissants à reporter les hommes à l'attaque. Les deux bataillons se replient sur le bois des Brosses. Sept officiers et cent cinquante hommes sont tués ou blessés.

Le 19e régiment des mobiles (Cher) (lieutenant-colonel de Choulot) avait appuyé l'attaque par un troisième bataillon, pendant que le 2e, de la lisière du bois des Brosses, soutenait à bonne portée un feu des plus violents contre l'artillerie prussienne postée à l'ouest de Moimay et que nos pièces d'Autrey-le-Vay (division Penhoat) prenaient en rouage. Une batterie (capitaine Riemer) ayant voulu gagner du terrain en avant pour occuper une position moins désavantageuse, fut brusquement assaillie par une fusillade intense partant du bois des Brosses. En un instant, deux pièces furent désemparées. Pour les sauver, un peloton de la 6e compagnie du 30e régiment accourt de Moimay. Après une lutte courte mais extrêmement violente, pendant laquelle les servants purent enlever les pièces, l'ennemi dut reculer et se replier sur Moimay.

L'artillerie allemande durement éprouvée reprenait sa position primitive au nord du village. Par contre, tous les efforts de la brigade Robert pour conquérir Moimay restèrent vains. Ils échouaient devant la précision du tir de l'artillerie prussienne que remplacèrent les feux rapides de l'infanterie quand, à la nuit tombante, les batteries allèrent prendre position plus en arrière, vers les bois. Ils échouèrent surtout parce que, inhabiles à profiter de la leçon de Beaune-la-Rolande, de Lorcy, de Loigny, de Villiers, nos jeunes troupes étaient lancées contre des obstacles que pas un coup de canon n'avait encore ébranlés.

Le général von der Goltz se cramponnait dans le village, aidé par deux compagnies du bataillon de Graudenz, puis par le régiment du lieutenant-colonel Nachtigal, retiré de Villersexel. Il fut fort heureux de voir arriver bientôt les renforts de la division badoise qui débouchaient d'Aillevans par La Grange d'Ancin.

2. *De Glümer enlève Marast.* — Le général de Glümer arrivait en effet vers 4 h. 30 en vue du village avec la 2e brigade et trois batteries. Voyant la mauvaise tournure des affaires, il se hâtait

de porter tout d'abord son artillerie en face de Marast (1re et 4e batteries légères et 1re batterie lourde). Elle prenait position vers la cote 292 et dirigeait ses coups, soit sur l'artillerie française, soit sur les colonnes qui manœuvraient encore sur le champ de bataille. Un peu après 5 heures, les bataillons de tête badois (1er et fusiliers du 3e régiment), sortant du bois de La Genevraye, enlèvent le village à nos hommes exténués par une lutte sanglante et prolongée.

A 6 heures du soir, le combat prenait fin autour de Moimay. Peu à peu, un morne silence s'étendit sur la plaine glacée que l'incendie de Villersexel allait bientôt éclairer.

3. *La division Penhoat s'empare du château de Villersexel.* — L'ordre de la retraite sur la rive droite de l'Oignon, donné à 4 heures par de Werder, n'avait été exécuté que par le 30e régiment. Le 25e n'avait pas encore quitté l'intérieur de la ville et n'était même pas prévenu, paraît-il, du départ des troupes voisines, quand, vers 5 heures, une brigade du 18e corps français s'emparait des abords du château. Sa ligne de retraite était directement menacée : sa situation devenait d'autant plus critique que le général Clinchant le pressait vivement de front.

C'était la brigade légère de la division Penhoat qui apportait au 20e corps l'appoint de son renfort et d'une surprise fort désagréable aux troupes allemandes. Sur les ordres du général Clinchant, le 3e bataillon du 52e de marche se déploie en tirailleurs sur les hauteurs au sud-ouest de la ville. Derrière lui, le 1er bataillon et les chasseurs du 12e bataillon forment leurs colonnes et attaquent, en même temps que le 47e régiment de marche, la partie sud du village fort dégarnie pour l'instant. Les deux batteries d'artillerie prennent position sur les hauteurs qui dominent la ville et la rive droite de l'Oignon.

Le 1er bataillon du 52e pénètre dans le village, s'empare du groupe de maisons qui flanque le château, troue d'une brèche le mur du parc et, vers 4 h. 30, oblige l'ennemi à abandonner, en partie tout au moins, cette position importante que bientôt après occupera en forces le 47e de marche.

Le 3e bataillon et les chasseurs couronnent les hauteurs de droite et refoulent l'ennemi dans la partie basse. Le 2e bataillon du 52e et le 1er bataillon du 77e mobiles s'emparent des maisons une à une. Les incendies s'allument ; parfois même il faut cheminer au moyen de la sape : « Je ne saurais trop louer la conduite d'un détachement de sapeurs du génie auxiliaire du Loiret qui m'avait été adjoint : ils furent tous admirables de dévouement et d'entrain. » (Lieutenant-colonel QUENOT.)

4. *Le 20e corps attaque Villersexel.* — Le 47e de marche avait été mis en mouvement par Bourbaki en personne, qui le conduisit à l'assaut avec une bravoure incomparable. « Ceux qui étaient auprès de lui et qui n'avaient point eu occasion de le voir dans le combat, parlent avec admiration du changement qui s'opère en sa personne. Sa physionomie, d'ordinaire douce et tranquille, s'illumina soudain, et son geste eut une puissance de commandement irrésistible. Les troupes électrisées marchèrent au feu en poussant des acclamations enthousiastes [1]. »

Et ce sont ces mêmes troupes que la seule parole du chef suffit à enflammer au point que rien ne peut les arrêter, ce sont ces mêmes troupes que l'on dit être, le lendemain, complètement démoralisées !

Le 2e bataillon des mobiles des Pyrénées-Orientales entrait en ligne vers 5 heures. Il reçoit l'ordre d'aller occuper la place de l'église. Sa mission lui coûte deux officiers blessés et une douzaine de soldats tués.

Le 3e zouaves avait prolongé l'attaque en débordant l'infanterie prussienne par la droite de notre ligne. Le lieutenant-colonel Bernard recommande de s'avancer avec les plus grandes précautions et le long des murailles des maisons. C'est alors le combat de rues. Des nuages de fumée, noirs et lents, montent dans l'air du soir, empourprés par les lueurs vacillantes de l'incendie. Les balles font jaillir le plâtre le long des murs. Quelques cadavres sont étendus sur la chaussée. La terreur règne partout.

Devant cette attaque convergente, le général de Tresckow II avait dû se replier prudemment. Rappelant sur la rive droite la batterie en position au bois des Breuleux, il s'efforça de procéder

---

[1] DE FREYCINET, *La Guerre en province.*

à l'évacuation de Villersexel. Le 1er bataillon se retira par le cimetière et les fusiliers suivirent par la place du Marché. Quant au 2e bataillon, commandé par le colonel de Loos en personne, il fut chargé de protéger le mouvement.

Vers 7 heures, le général Clinchant, sur l'ordre du général Bourbaki, retirait ses troupes du combat « pour continuer sa marche sur la droite », dit le rapport du vice-amiral Penhoat[1]. Elles sont relevées par la brigade Perreaux, dont le 92e régiment appuie le 52e dans son attaque. Pendant que le 1er bataillon de ce dernier forçait l'entrée principale du château, trois compagnies du 92e (1re, 2e et 3e du 1er bataillon) pénètrent dans le parc par la grille de l'Ouest, refoulent à la baïonnette tout ce qui se trouve devant elles jusqu'aux portes du château, où elles délivrent bon nombre de soldats du 47e de marche qui se défendent héroïquement, L'ennemi évacue alors précipitamment, par les issues restées libres, ce vaste bâtiment, aux dépendances duquel il met le feu. Le génie coupe aussitôt la passerelle de la Forge, afin d'empêcher un nouveau mouvement tournant.

Le feu fait son œuvre de dévastation; les flammes s'élèvent bientôt et projettent des lueurs vives sur la neige du parc où se profile l'ombre mobile des grands arbres séculaires. Les clameurs de la lutte se mêlent aux gémissements déchirants des blessés et aux cris apeurés des malheureux enfermés dans les maisons que l'incendie consume.

---

[1] « Les motifs de cet ordre ne nous sont pas connus; mais il était de la plus haute imprudence de nous affaiblir à Villersexel avant même d'en avoir chassé l'ennemi. » (P. LEHAUTCOURT.)

CHAPITRE IV

Combat de nuit.

1. Situation. — 2. Secteur est. — 3. Secteur sud. — 4. Combat au château et dans le parc. — 5. Retraite des troupes allemandes.

1. *Situation.* — Le recul des troupes du 25e régiment à travers les rues du village ne s'opérait pas sans de grandes difficultés. L'énergique attitude du 2e bataillon permettait cependant à la retraite de s'exécuter en assez bon ordre, quand le général de Werder prescrivit de se maintenir à tout prix dans la ville[1].

Cette mission était difficile à remplir par le 25e régiment, si le colonel de Loos était laissé à ses propres forces ; aussi fut-il immédiatement appuyé par les troupes disponibles de la division Schmeling.

Sur les cinq bataillons de landwehr que comptait primitivement le gros de la IVe division de réserve, on n'avait plus sous la main, au moment de les porter en avant que les bataillons de Wehlau, d'Osterode, d'Ortelsburg, et deux compagnies du bataillon de Thorn[2].

Les bataillons de landwehr, immédiatement portés en avant par le général de Schmeling, atteignent le pont de Villersexel au moment où le 25e régiment, n'ayant pas encore reçu l'ordre

---

[1] « Le moment est critique. Le général de Werder entendait bien ne pas pousser au delà de Villersexel, mais il prétendait se maintenir dans la ville jusqu'à la nuit close. La retraite a été trop rapide et trop complète. Le général ordonne que Villersexel soit réoccupé.» (SECRÉTAN.) Cette observation suffit à faire justice des prétentions de la Relation de l'État-Major prussien qui a cherché à démontrer que de Werder a évacué Villersexel de son plein gré. En réalité, les Allemands quittèrent ce point parce qu'ils ne purent s'y maintenir jusqu'au 10 janvier, suivant les premières intentions du général en chef.

[2] La 2e compagnie de Thorn était à l'escorte des convois ; la 4e était à la garde des ponts d'Aillevans. Deux compagnies de Graudenz se trouvaient à Moimay et à Marast. Les deux autres escortaient des prisonniers.

nouveau, s'y engage en sens inverse. L'encombrement devient inexprimable et s'augmente encore par la présence de tout le train de la division qui, par suite d'ordres mal donnés, s'entasse au débouché nord de Villersexel. L'obscurité, devenue presque complète, s'augmente encore de l'opacité d'un brouillard épais qui couvre tout le fond de la vallée. C'est dans le plus complet désordre que les troupes allemandes parviennent à rentrer dans Villersexel.

C'est naturellement au 2e bataillon du 25e régiment qu'échoit la mission de se porter le premier en avant. Il est lancé vers la partie sud du village. Le bataillon de fusiliers du même régiment reçoit comme objectif le secteur est. Les bataillons de landwehr sont dirigés sur le château et le parc. Le 1er bataillon du 25e régiment est maintenu en arrière, à l'entrée nord de Villersexel, avec mission de garder le pont.

Pendant ce temps, la division Penhoat avait progressé. Le 92e de ligne, par son 1er bataillon, occupait le château et ses abords immédiats. Le 52e de marche porte son 2e bataillon vers le pont de l'Ognon par la rue principale de la ville. Le 3e bataillon est sur la hauteur à l'Est de Villersexel pour parer à un retour offensif de ce côté. Le 1er bataillon, un peu désemparé par le combat de la journée, était reporté en arrière.

2. *Secteur est.* — Le bataillon de fusiliers, chargé d'occuper le secteur est de la ville, se forme en colonne de route et marche de l'avant. Il repousse de la place du Marché deux compagnies de mobiles de la division Ségard qui y étaient installées, mais qui, malheureusement, se gardaient insuffisamment. Les fusiliers continuent leur marche, se portent vers le débouché du village, en barricadent les issues et ripostent de là à la fusillade assez molle que dirigent sur lui, des abords sud-est, les troupes du 20e corps.

De ce côté, la situation ne fut modifiée que par la répercussion des événements dont le secteur ouest était le théâtre.

3. *Secteur sud.* — Les compagnies du 2e bataillon du 25e régiment prussien se reportèrent résolument en avant, malgré la fatigue et les privations endurées pendant la longue lutte de la journée. Ce ne fut qu'au prix de pertes considérables qu'elles

purent atteindre le carrefour où aboutissent les routes du Magny et de Cubrial. Là, elles furent arrêtées net par la vigoureuse résistance des troupes du général Penhoat. Une lutte acharnée s'engagea entre les fractions à rangs serrés qui occupaient les rues et des groupes d'hommes installés dans les maisons et tirant par les fenêtres.

A ce carrefour important, la 5e compagnie du 25e régiment se forma rapidement sur quatre rangs. Un certain nombre d'hommes occupèrent les fenêtres des bâtiments avoisinants. La compagnie n'était pas encore complètement installée lorsqu'elle vit s'avancer sur elle une masse confuse qui poussait des cris stridents de : En avant ! La compagnie un peu troublée ouvrit un feu rapide désordonné, dont l'effet moral plus que l'effet matériel fit rebrousser chemin aux fractions du colonel Perrin. Dans la nuit, les troupes françaises renouvelèrent plusieurs fois leurs tentatives ; elles furent repoussées par des feux de masse. « A environ 50 mètres en avant de la position de la compagnie, la route de Cubrial fait un petit crochet. Quand l'ennemi approchait, on entendait les mots de : En avant, prononcés et répétés à voix basse. Dès que la masse en mouvement devenait plus distincte, on tirait dans le tas. C'est près de ce coude que les deux partis perdirent le plus de monde[1]. » Le commandant du bataillon prussien, capitaine Rusewitz, était mortellement frappé. Les troupes françaises perdaient à cet endroit 2 officiers et 66 hommes.

« Vainement l'infanterie du colonel von Loos fait le siège des maisons ; vainement elle cherche à pénétrer dans les ruelles étroites et à pente abrupte du centre de la ville. L'infanterie française fait pleuvoir les balles par les fenêtres et les soupiraux des caves, tandis que d'autres détachements occupent les rues et pressent sur l'ennemi. Malgré les plus grands efforts, aucune des deux troupes n'arrive à repousser son adversaire. Les Allemands ne réussissent pas à avancer jusqu'à la sortie Sud-Ouest qui commande la route de Rougemont. Les Français, malgré leurs assauts répétés, ne parviennent pas à rejeter l'ennemi sur le pont de l'Ognon. La mêlée continue ainsi, meurtrière, atroce. La nuit est glacée. Le brouillard s'est dissipé. Les étoiles scintillent au

[1] Général de Loos, *Pour faire suite à l'Historique du 25e régiment d'infanterie.*

ciel. La lune se lève sur ce carnage. Un noir nuage de fumée couvre la ville qu'éclairent les flammes rouges et les gerbes d'étincelles sortant des maisons incendiées. » (Colonel SECRÉTAN.)

4. *Combat au château et dans le parc.* — Pendant que se déroulait cette lutte sanglante, le combat, au château et dans le parc, prenait une tournure particulièrement violente et se poursuivait en pleine nuit avec une ardeur sauvage.

Les bataillons de landwehr, engagés sans aucune reconnaissance, à travers une épaisse obscurité, dans une partie du village qui leur était complètement inconnue, ne parvinrent pas d'abord à s'orienter. Le bataillon de Wehlau, après de nombreux tâtonnements, atteint le parc et se fractionne en deux groupes. L'un attaque le château directement par la façade nord; accueilli par une fusillade nourrie, il doit rétrograder. L'autre groupe, gravissant une ruelle en pente, longeant le pied du mur qui sépare à l'Est le parc de la ville, aborde l'obstacle par la face donnant sur l'entrée principale du côté de la place de l'église. Engagé sur un terrain que la neige glacée rendait extrêmement glissant, pris d'enfilade par les fenêtres du bâtiment, il dut battre en retraite, entraînant dans son recul le bataillon d'Osterode qui, à sa suite, s'était aventuré dans la ruelle. La confusion devint extrême. Les landwehriens s'enfuirent en désordre.

Seule une fraction minime, 50 à 60 hommes à peine, suivit le major de Wüssow dans sa marche énergique en avant. Cette poignée de soldats, très vigoureusement menée, pénètre dans le parc par la grille d'honneur qui est restée ouverte, chasse les postes français qui occupent les pavillons de gardes placés à l'entrée et, malgré des pertes sensibles, s'introduit dans le rez-de-chaussée du château par la porte principale. Il est 8 heures.

Nos soldats se réfugient dans les caves et dans les étages supérieurs. Quelques hommes vont réoccuper la grille d'entrée et font prisonnier un officier allemand envoyé par le major de Wüssow à la recherche du bataillon d'Osterode. Dans l'intérieur du château, sur les escaliers, dans les couloirs, c'est une lutte épouvantable : des corps-à-corps ensanglantent les chambres[1].

---

[1] LOHLEIN, dans *Les Opérations du corps du général de Werder*, signale ce combat comme l'un des plus acharnés de toute la campagne.

Cependant, la première moitié du bataillon de Wehlau, revenue à la charge, avait fini par atteindre la terrasse nord du château. Enjambant les fenêtres ouvertes, les landwehriens pénétraient peu à peu dans le bâtiment que les flammes des dépendances en feu, activées par un vent du Nord très violent, commençaient à lécher de tous côtés. Le major de Wüssow veut brusquer l'attaque ; suivi de quelques hommes, il gravit l'escalier et réussit à prendre pied dans une pièce du premier étage, tandis que successivement arrivaient, dans le rez-de-chaussée, le reste des bataillons d'Osterode et de Wehlau.

Le bataillon d'Ortelsburg était resté au débouché nord-est de la ville. Il envoie deux compagnies contre le château pendant que les landwehriens de Thorn essayent vainement d'aborder la position du côté de la rivière.

Malgré cet afflux de renforts allemands, les troupes françaises tiennent bon dans les caves, les étages, la cour et les deux pavillons à l'entrée du parc. Toutes les tentatives faites pour les en déloger échouent devant la résistance acharnée du 1er bataillon du 92e de ligne qui eut, dans cette nuit meurtrière, deux officiers blessés et une quarantaine de soldats tués. Dans les escaliers et les pièces supérieures, la lutte se poursuivait sanglante, âpre, sauvage.

Vers 8 h. 30 du soir, le colonel de Krane ordonne que les deux ailes du château soient occupées chacune par une compagnie, le corps du bâtiment central et la cour par les six autres.

Le général de Schmeling, pressé d'en finir avec une résistance opiniâtre dont il désespérait de venir à bout, donne, vers 10 heures du soir, l'ordre de mettre le feu au château[1]. « On entasse dans l'aile ouest du bâtiment des meubles, de la literie, de la paille, tout ce qu'on peut trouver d'objets et de matières inflammables, et on y met le feu[1]. » En un clin d'œil, l'embrasement devient général.

Sur la nouvelle erronée que le pont de l'Ognon était tombé au

---

[1] « Le général von Schmeling a reçu l'avis que les Français résistent opiniâtrement dans le château et dans les caves. « Nun, so rauchert sie hinaus » ! a-t-il répondu à l'officier qui lui a fait rapport. L'officier comprend ces paroles comme un ordre de mettre le feu au château. » (Colonel SECRÉTAN.).

pouvoir des troupes françaises, le colonel de Krane se hâta de prescrire l'évacuation du château. Quelques fractions laissées dans les bâtiments déjà aux trois quarts embrasés, durent protéger la retraite, qui s'opéra dans un désordre manifeste par le chemin de berge de l'Ognon, placé en contre-bas du parc et qui se trouvait plongé dans une obscurité profonde. Plusieurs hommes, ayant, malgré un froid de 10 degrés au-dessous de 0, essayé de franchir la rivière à gué, se noyèrent.

Le théâtre du combat offrait un tableau étrange et sinistre. La nuit était glaciale et le ciel étoilé. Le château en feu ne formait plus qu'un immense foyer. Les maisons, clôtures, écuries ou étables attenant au château achevaient de brûler. Des gerbes d'étincelles s'échappaient des flammes. La neige, qui formait le fond du paysage, les vagues lueurs de l'incendie, la lune qui brillait à l'horizon donnaient aux objets un aspect des plus fantastiques. Le nombre des foyers lumineux augmentait pendant les péripéties du combat de rues. On aurait presque dit qu'il faisait jour.

Le bruit inégal de la lutte permettait à l'oreille de suivre les fluctuations de la résistance. Tantôt le combat s'éteignait d'un côté, tantôt il se rallumait de l'autre. Au milieu de tout ce tumulte, on distinguait les gémissements des blessés restés sur le terrain et les cris de détresse poussés par les malheureux qui se voyaient exposés à périr dans les flammes.

Ajoutons à tout cela les lueurs rouges et le crépitement de l'incendie ; par endroits, des foyers plus intenses, des gerbes d'un pourpre vif dont le jaillissement continu rayait les ténèbres, le fracas produit par l'écroulement des édifices, et l'on pourra se faire une idée des circonstances qui ont accompagné le combat de Villersexel.

Le colonel de Krane, resté dans l'aile orientale du château avec le major de Wüssow et les contingents d'arrière-garde, s'aperçut bientôt qu'il était bloqué. Des fractions de la brigade Ségard, 47e de marche, qui s'étaient portées en avant, avaient en effet donné la main aux défenseurs du château et entouraient complètement celui-ci. La situation était terrible : la flamme, léchant les murailles, accomplissait son œuvre dévastatrice avec une effrayante rapidité ; la petite troupe allemande se voyait acculée à une tentative désespérée, si elle ne voulait périr dans l'incendie. Heureusement pour elle, les deux compagnies de Thorn, après avoir erré quelque temps dans les ténèbres, purent arriver à son secours et attaquer brusquement par le Nord notre ligne surprise, que le colonel de Krane réussissait à percer par le Sud. Les Prussiens parvenaient à se dégager : le colonel gagnait l'Ognon ; les compagnies de Thorn se repliaient vers la ville. Il était 10 h. 45.

Pour empêcher l'infanterie française victorieuse de se porter trop vite sur le pont de pierre, le 1er bataillon du 25e régiment avait envoyé deux compagnies, 2e et 4e, contre le château. Elles furent arrêtées dans le trajet par la fusillade qui partait des maisons, des fenêtres, des caves où quantité de nos hommes étaient embusqués depuis le matin. Il s'en suivit un long combat de rues qui se poursuivit fort avant dans la nuit, prolongeant celui que soutenait le 2e bataillon.

Le pétillement de la fusillade, la détonation des obus déchiraient l'air qui s'emplissait de poussière et de fumée. Des soldats culbutaient au coin de chaque ruelle, heurtant, dans leur marche, des morts, les uns isolés, les autres en tas, faisant des taches sombres éclaboussées de rouge.

Le fracas était tel qu'il couvrait jusqu'aux détonations de l'artillerie du 20e corps, toujours en position au Nord-Est du bois de Chailles. Son intervention n'était plus indiquée que par l'explosion de ses projectiles.

La situation des compagnies du 25e régiment prussien n'en était pas moins fort aventurée : elles risquaient à chaque instant d'être prises à revers et même cernées. Pour les dégager, toutes les troupes de landwehr, ramenées au pont de l'Ognon, furent une fois de plus lancées contre le parc.

Mais l'épuisement était général et la fatigue était grande. Les deux compagnies de Thorn seules arrivèrent jusqu'à la terrasse du château : ce fut tout. Aucune troupe, dans les rangs allemands, n'était en état de dessiner une offensive plus accusée.

5. *Retraite des troupes allemandes.* — Prévenu que le combat, de plus en plus acharné, ne se décidait point en faveur des Prussiens, le général de Werder prescrivait, à 1 h. 45 du matin

seulement, d'évacuer la ville : il ne pouvait faire autrement. Le 1er bataillon du 25e, qui avait lutté sans relâche devant le pont depuis les premières heures de la journée, se replia le dernier tout en tiraillant. Il put barricader le passage et disparaître définitivement du théâtre du combat. Il allait être 3 heures.

Le silence le plus complet succéda bientôt à l'ouragan de fer et de feu qui, quelques heures auparavant, s'abattait sur la ville. Ce n'était plus, de loin en loin, que des ruines fumantes, restes de maisons incendiées. La plus effroyable dévastation avait passé par là.

La IVe division de réserve franchit l'Ognon sur les ponts de bateaux d'Aillevans et vint, vers 6 heures du matin, se rassembler entre Villafans et Saint-Sulpice. Elle avait marché ou combattu pendant vingt-six heures sans désemparer. Le XIVe corps, profitant de l'obscurité, avait évacué Moimay et Marast. Il s'était massé au Nord du Grand-Fougeret, entre Aillevans et Arpenans.

L'armée française bivouaqua sur ses positions mêmes; elle occupa Esprels, Magny et Villers-la-Ville. La brigade Perreaux restait dans Villersexel. Les hommes, qui n'avaient point reçu de vivres, endurèrent à la fois les cruelles souffrances de la faim et du froid. Ce n'était, hélas ! ni les premières ni les dernières de celles que nos malheureux soldats devaient supporter.

CHAPITRE V

Pertes subies.

Le combat de Villersexel fut particulièrement meurtrier : « Le jour venant permit de constater l'étendue des pertes. Celles de l'ennemi étaient considérables. Beaucoup d'Allemands avaient péri dans les incendies allumés pour les chasser des maisons où ils s'obstinaient à rester. Beaucoup d'entre eux avaient pu s'échapper en passant la rivière tant sur la glace que sur les pilotis qui la traversaient [1]. »

Le colonel de Choulot, des mobiles du Cher, évalue les pertes allemandes à 4,000 hommes. Il y a là évidemment de l'exagération.

L'ennemi accuse, dans ses documents officiels, 26 officiers et 553 hommes hors de combat, dont un officier et 138 hommes prisonniers. Ces pertes se décomposent comme il suit :

Division badoise, 6 hommes ;
Brigade von der Goltz, 5 officiers, 96 hommes ;
4e division de réserve, 21 officiers, 451 hommes.

L'armée de l'Est avait perdu 27 officiers et 627 hommes tués ou blessés.

Elle laissait entre les mains de l'ennemi environ 700 prisonniers valides. Ce dernier chiffre est celui de l'état-major prussien. Löhlein donne les chiffres de 17 officiers et plus de 500 hommes. Von der Wenger ne parle que de 260 hommes.

Nombreux furent les disparus.

---

[1] Rapport de l'amiral PENHOAT.

IIIE PARTIE

Situation après le combat.

CHAPITRE PREMIER

Français.

1. Le soldat. — 2. Le général en chef. — 3. Opinions erronées sur la situation. — 4. Complète absence de manœuvre de l'armée de l'Est.

1. *Le soldat.* — Par leur ardeur dans l'attaque, autant que par leur acharnement dans la défense, nos jeunes troupes s'étaient grandement honorées sans doute. Ce n'étaient que des *régiments de moblots,* mais de moblots ruraux, endurcis par éducation et aguerris par les campagnes des Vosges et de la Loire. Leur attitude devait donner à réfléchir à l'adversaire. A ce point de vue, la journée du 9 janvier était un brillant et glorieux début de campagne. Elle fait « franchement honneur à la 1re armée qui n'a cessé d'opérer depuis six semaines par un temps des plus rudes, en marchant constamment malgré la neige, le froid et le verglas ». (*Bourbaki au Ministre.*) Y a-t-il vraiment dans cette constatation place pour une véritable faiblesse matérielle et morale ? Si le général en chef a exprimé sa pensée intime, comment peut-on expliquer que la conduite des troupes de l'armée de l'Est n'ait pas fait passer dans son âme un frisson d'enthousiaste confiance !

Le véritable héros de cette journée est bien véritablement le soldat, passant à peine entrevu et trop vite oublié. Quelques gouttes de son sang rougissent la neige glacée ; le cimetière donne un éternel asile à ceux qui tombent ; les noms sont conservés quelques jours à peine, puis vient l'oubli : le temps fait son œuvre. De tant de sacrifices, de ces épouvantables souffrances, il ne reste bientôt plus que de vagues souvenirs personnels. A ces humbles inconnus va le tribut de notre admiration ; ils ont ajouté une page brillante à la magnifique histoire de notre pays !

2. *Le général en chef.* — Peut-on ajouter que les dispositions du commandement furent à la hauteur des circonstances ? M. de Serres a pu dire, dans un moment d'enthousiasme : « C'est au général en chef que revient incontestablement l'honneur de la journée. » (*Dépêche du 10 janvier à M. de Freycinet.*) Ne serait-il pas de toute justice d'en appeler de cette appréciation ? S'il est vrai que le général Bourbaki, retrouvant sous les balles sa vieille ardeur et son entrain d'autrefois, a déployé ce jour-là une activité et une bravoure incomparables, il n'est que trop vrai aussi que là s'est bornée son action. En lui, le soldat a étouffé le général.

C'est qu'en effet la lutte n'a pas été dirigée, ni le combat méthodiquement conduit. Ce qui importe dans un combat, c'est que les différentes actions isolées soient régulièrement combinées et se déroulent avec ensemble : c'est là l'œuvre du haut commandement. Disposant de près de 100,000 hommes, Bourbaki pouvait manœuvrer, soutenir ses troupes de première ligne, utiliser ses réserves, menacer les flancs de l'adversaire. Pourquoi se borner à des attaques et à des retours offensifs dans l'intérieur de la ville ? Pourquoi ne chercher à gagner du terrain que par les rues ou en faisant le siège des maisons ? Il eût été plus utile et moins sanglant de profiter de l'obscurité pour contourner la ville sans bruit et prendre en flanc le quartier occupé par l'adversaire. En se portant sur le pont par l'Est, on pouvait couper les communications des Allemands. Rien de tout cela n'a été fait.

Le combat ne fut, pour le commandant en chef français, qu'un simple incident de marche. Dès lors, y prirent seules part les troupes que la direction et le degré d'avancement de leur mouvement amenaient dans la zone d'action de l'ennemi. Les autres sont restées en arrière ou bien ont continué leur étape sans se soucier d'apporter aux camarades engagés l'appoint précieux de leur intervention. L'entrée en action, voulue et calculée, du 24e corps et de la réserve générale pouvait infliger aux Allemands un échec beaucoup plus sérieux, beaucoup plus décisif surtout, que la perte, sans grande conséquence, du village de Villersexel. Le terrain de l'action nous était resté, mais le succès réel appartenait à l'ennemi : un échec tactique fut pour ce dernier une victoire sur l'échiquier stratégique.

A la vérité, le mouvement du XIVe corps sur Belfort subissait un arrêt. Mais, l'affaire terminée, de Werder n'avait qu'à reprendre sa marche et à la mener rapidement. Les qualités d'entraînement de ses troupes, opposées à notre lenteur, explicable peut-être mais à coup sûr injustifiée, lui permettaient encore de nous devancer devant Belfort.

Le gouvernement et l'opinion publique ne cherchèrent pas si loin. L'armée française était restée maîtresse des positions ; on salua ce léger avantage à l'égal d'un grand succès : la Fortune était si avare de ses sourires pour les armes françaises! « La brillante victoire que vous avez remportée à Villersexel..... est le couronnement bien mérité des sages manœuvres que, depuis quatre jours, vous avez exécutées avec autant de hardiesse que de prudence entre les deux groupes de forces ennemies. » (*Dépêche de M. de Freycinet au général Bourbaki.*)

3. *Opinions erronées sur la situation.* — Bourbaki envisageait la situation avec moins de confiante espérance. Malheureusement, il ne sut pas deviner les intentions de son adversaire : il s'attendait à être attaqué. « Tous les ordres sont donnés pour répondre convenablement à une attaque de l'ennemi si elle venait à se produire ou à prendre telle autre disposition que les circonstances pourraient rendre nécessaire. » (*Télégramme du général Bourbaki*, 9 janvier, 12 h. 30.)

M. de Serres, beaucoup plus affirmatif encore, télégraphiait le 10, à 1 heure de l'après-midi : « J'ai étudié cette nuit avec le général Bourbaki toutes les mesures nécessaires pour préparer la bataille d'aujourd'hui, bataille que l'ennemi doit absolument livrer, quelles que soient les conditions, s'il a conscience de sa situation par rapport à la nôtre. »

Le général de Werder eut, en effet, conscience de cette situation et..... se hâta de se dérober. Ni le général Bourbaki ni

M. de Serres ne saisirent le sens véritable de la pointe poussée sur Villersexel par le général de Werder. De là l'immobilité que garda l'armée française du 10 au 13 janvier. Cette erreur d'appréciation devait avoir, pour nos troupes, des conséquences funestes.

4. *Complète absence de manœuvre de l'armée de l'Est.* — Le 10 janvier, le 15e corps poursuit son débarquement à Clerval; sa 3e division est à Onans; la brigade Queslel est à Montenois.

Le 24e corps occupe Gémonval, Sécenans, Grange-la-Ville; le 20e corps, Villargent et Villers-la-Ville; le 18e, Villersexel.

Cremer, qui va former l'extrême gauche, est encore à Gray. La réserve générale s'est établie à Courchaton.

Bourbaki dispose donc de trois corps; il n'a devant lui que des troupes assez désunies, dont la situation est évidemment critique, puisque l'armée de l'Est est aussi rapprochée qu'ellesmêmes de Belfort.

Il lui était, dès lors, possible de gagner cette place en immobilisant les troupes du général de Werder par une partie de l'armée française pendant que l'autre filerait vers le Nord-Est et ferait lever le siège. C'était évidemment un grand succès. Mais, en se glissant ainsi sur le flanc gauche de l'ennemi, on le mettait à même de se réunir à l'armée du Sud. Après le déblocus, c'était la lutte inévitable contre trois corps d'armée réunis.

Pour séparer le général de Werder des renforts attendus, il fallait gagner l'aile droite ennemie. En agissant ainsi, on rejetait le XIVe corps sur Belfort : c'était se mettre dans l'obligation de livrer sous peu un combat de front en avant de la place. Or, il existait là une ligne difficile à enlever et que les généraux allemands avaient reconnue et fortifiée : la ligne de la Lisaine.

Une troisième décision semblait pouvoir être prise : attaquer hardiment l'ennemi qu'on avait devant soi et, de la nécessité du déploiement face au Nord, obtenir des avantages définitifs. La supériorité numérique de l'armée de l'Est pouvait lui donner un légitime espoir de succès. Jamais terrain ne serait plus favorable à l'utilisation complète de cette supériorité et, d'ailleurs, l'ardeur que l'on a constatée chez les corps français ne pouvait être profitable que si elle était utilisée sans délai ni répit.

M. de Freycinet, en la circonstance, voyait juste, quand il insistait sur la nécessité d'agir vite et de chercher une action décisive avant que les renforts dont il signalait l'approche, sans cependant préciser en rien ni leur force ni leur position, fussent arrivés à l'ennemi.

En adoptant cette ligne de conduite, l'on atteignait les deux buts cherchés. De Werder, rejeté dans les Vosges, était séparé à tout jamais de ses renforts et de la place de Belfort. Le siège était levé et l'on pouvait dès lors prendre ses dispositions pour recevoir, dans des conditions favorables, le choc des troupes de Manteuffel.

Cette dernière solution de la question militaire posée à l'armée française après Villersexel semble bien être la plus logique. Elle ne fut pas adoptée. On ne choisit d'ailleurs aucun parti; l'ennemi conserva pleine et entière liberté de manœuvre. Bourbaki, mal renseigné, mal conseillé, resta dans une inaction funeste qui a perdu l'armée de l'Est.

On a cherché à expliquer cette absence complète de manœuvre par les difficultés des ravitaillements, par le désespoir de Bourbaki de se voir ainsi réduit à l'impuissance. Mais est-ce bien avéré que la situation était réellement sans remèdes? Le commandant de Vaulchier, des mobiles du Jura, a pu dire : « Si le général en chef avait pu constater quelle somme de courage et d'obstination renfermaient encore ces soldats méprisés, déguenillés, harassés et transis de froid, il n'eût pas hésité à brusquer la marche sur Belfort, sans laisser à Werder le temps de fortifier les positions de la Lisaine. »

Aussi ne pouvons-nous qu'enregistrer, sans trop en faire état, les jérémiades continuelles du général Bourbaki : « Les chemins sont couverts de verglas, les charrois de l'artillerie et de l'administration présentent, pour être exécutés, les plus grandes difficultés. Si l'état des chemins et le mode de ravitaillement des troupes le permettent, j'essayerai après-demain, 12, d'enlever la position d'Arcey. » (*Dépêche du 10 janvier.*)

Le lendemain, 11 janvier, le général en chef accentuait encore l'expression de son désespoir. « Mes opérations se trouvent contrariées à chaque instant par la difficulté d'assurer la subsistance des troupes en raison de l'éloignement des voies ferrées, du verglas, de la raideur des pentes à gravir et à descendre, de l'insuffisance numérique de nos moyens de transport. Il est impossible de se trouver dans de plus mauvaises conditions que celles qui nous sont faites d'une façon si continue par la rigueur de la saison. »

On ne sait, à la lecture de ces plaintes réitérées, ce qui étonne le plus, de la faiblesse réelle mais exagérée des troupes ou du peu de conviction et d'énergie morale de leur chef. Ce que l'on peut affirmer, c'est que Bourbaki ignorait à peu près complètement la situation générale. Il croyait Vesoul encore occupé par l'ennemi et donnait à la division Cremer l'ordre de se porter sur cette ville. Il ne se doutait en aucune façon de la constitution de l'armée du Sud. Sa cavalerie, soit inexpérience, soit impossibilité matérielle, probablement pour ces deux raisons à la fois, ne le renseignait nullement. Aussi marchait-il à l'aveugle sans rien connaître des dispositions prises par son adversaire.

Au fond, Bourbaki n'ose rien entreprendre. Alors on vit cette chose étrange et inattendue : l'armée française victorieuse se fortifier à Villersexel.

CHAPITRE II

Allemands.

1. De Verder se dérobe. — 2. Quelques observations critiques.

1. *De Werder se dérobe.* — Le général de Werder, plus avisé, mettait à profit le temps que lui laissait son adversaire. Sa situation, à l'issue du combat, avait été fâcheuse; elle n'avait jamais été désespérée comme a pu le croire M. de Serres. Fallait-il que de Werder livrât bataille pour se rouvrir la route de Belfort? Évidemment non. Cette route avait toujours été en la possession des troupes du XIVe corps; en se pressant, les Allemands pouvaient encore, par Frahier, atteindre la place en même temps que nous, peut-être même avant nous.

Le général de Werder, loin de songer à prendre l'offensive, avait au contraire massé ses troupes, prêt à soutenir une attaque qu'il redoutait, prêt surtout à se dérober si l'adversaire lui en laissait le temps. Il se rendait parfaitement compte du péril auquel venait d'échapper le XIVe corps et ne voulait en aucune façon en affronter le retour. D'ailleurs, si l'on veut analyser avec impartialité son attitude pendant la journée du 9 janvier, on constatera que son intention persistante a toujours été de gagner Belfort. Sans doute, la manœuvre projetée sur le flanc de l'armée française avait échoué, mais il est incontestable que la division badoise, continuant sa marche sur Belfort, avait affirmé la volonté du commandant en chef de couvrir le siège de cette place.

2. *Quelques observations critiques.* — La critique peut amplement s'exercer si l'on étudie dans le détail l'action directrice du général de Werder, dans le développement du combat du 9 janvier. On lui a reproché des contradictions, plus apparentes que réelles peut-être, un détachement au moins surprenant et à coup sûr peu conforme aux traditions de l'armée allemande.

Nous ne relèverons dans tou ces détails que la leçon psychologique qu'ils comportent : elle se réalise dans l'épreuve à laquelle a été mise la résolution du général allemand par le seul fait du combat. Son but était, on l'a vu, d'arrêter les Français dès qu'ils passeraient devant lui pour gagner Belfort : il matérialisait son intention en lançant une partie de ses troupes en pointe sur Villersexel, pendant que le gros allait sur la Lisaine pour couvrir le siège.

Le but poursuivi de contraindre les forces françaises à passer de la marche à l'Est au déploiement vers le Nord semblait atteint, et de Werder, dans la soirée du 9, pouvait le constater des hauteurs d'Aillevans. Pour rester fidèle à sa résolution primitive, il aurait dû, sans perdre un seul instant, aller se porter derrière Héricourt. Au lieu de cela, le soir encore et pendant la nuit, nous voyons tout le corps d'armée concentré près du champ de bataille, continuant une lutte qui n'a plus de raison d'être. On peut juger par là de *l'influence du combat*, même sur un chef qui a son but bien présent à l'esprit. La décision tactique, une fois qu'elle a commencé, prime pratiquement tout le reste.

Mais dès que le calme renaît, de Werder se ressaisit et ordonne, sans plus tarder, la reprise de la marche sur Belfort. L'infanterie marchera par demi-peloton, la cavalerie par six, l'artillerie et les trains par deux voitures de front. Avec une rapidité qui fait honneur à leurs qualités manœuvrières, les Allemands se dérobent par une marche de flanc qui les amène, dès le 11 janvier, sur les positions de la rive gauche de la Lisaine, entre l'armée française et l'objectif de celle-ci[1].

---

[1] Voir J. Diez, *Les Journées de la Lisaine*, 15, 16 et 17 janvier 1871.

*
* *

Tel est le premier acte de ce sombre drame qui devait conduire l'armée de l'Est à une effroyable débâcle. Les causes de la faiblesse de cette armée se font sentir dès le début de ses opérations, tant dans la troupe elle-même que dans l'ensemble du commandement.

Mais si l'on compare nos régiments improvisés, mal approvisionnés, sans expérience, attaquant à découvert et en formations denses, aux bataillons allemands instruits, bien munis de tout, soutenus au moral par une confiance inébranlable en la victoire, on jugera, semble-t-il, que la journée du 9 janvier justifie la confiance que le Délégué à la guerre, M. de Freycinet, avait en l'armée qui, malgré lui, avait été confiée au général Bourbaki.

29 août 1903.

TABLE DES MATIÈRES

Pages.

AVANT-PROPOS 1

PREMIÈRE PARTIE

Situation des belligérants dans l'Est en janvier 1871

CHAPITRE PREMIER.

FRANÇAIS.

1. Composition et effectifs de l'armée de l'Est 3
2. Situation physique, matérielle et morale.......................... 4
3. Le haut commandement ; Bourbaki et son état-major............ 9
4. Projets d'opérations.. 16

CHAPITRE II.

ALLEMANDS.

1. Valeur des troupes du général de Werder........................ 20
2. Constitution de l'armée du Sud 20

CHAPITRE III.

POSITIONS OCCUPÉES PAR LES ADVERSAIRES LE 8 JANVIER 1871.

1. Français. — Ordres donnés par Bourbaki........................ 24
2. Allemands. — Ordres donnés par de Werder..................... 25

DEUXIÈME PARTIE

L'engagement du 9 janvier 1871

Préliminaires. — Description du terrain de combat 27

CHAPITRE PREMIER.

PREMIÈRE PARTIE DE LA LUTTE : DE 9 HEURES A MIDI.

1. Attaque de la IVe division de réserve.......................... 30
2. Résistance des mobiles des Vosges et de la Corse................ 31
3. Abandon de Villersexel.. 33

CHAPITRE II.

DEUXIÈME PARTIE DE LA LUTTE : DE 1 HEURE A 4 HEURES.

Pages.
1. La division Feillet Pilatrie aux environs d'Esprels 34
2. Ordres donnés par de Werder 35
3. Marche de la brigade von der Goltz 36
4. Déploiement de l'armée de l'Est 37
5. Combat au sud-est de Villersexel 39
6. Nouveaux ordres du général de Werder 40

CHAPITRE III.

TROISIÈME PARTIE DE LA LUTTE : DE 4 HEURES A 7 HEURES.

1. Attaque du 44e régiment sur Moimay 42
2. De Glümer enlève Marast 43
3. La division Penhoat s'empare du château de Villersexel 44
4. Le 20e corps attaque Villersexel 45

CHAPITRE IV.

COMBAT DE NUIT.

1. Situation 47
2. Secteur est 48
3. Secteur sud 48
4. Combat au château et dans le parc 50
5. Retraite des troupes allemandes 53

CHAPITRE V.

PERTES SUBIES 55

TROISIÈME PARTIE

Situation après le combat

CHAPITRE PREMIER.

FRANÇAIS.

1. Le soldat 57
2. Le général en chef 58
3. Opinions erronées sur la situation 59
4. Complète absence de manœuvre de l'armée de l'Est 60

CHAPITRE II.

ALLEMANDS.

1. De Werder se dérobe 63
2. Quelques observations critiques 63

Paris. — Imprimerie R. Chapelot et Cie, 2, rue Christine.

www.ingramcontent.com/pod-product-compliance
Lightning Source LLC
LaVergne TN
LVHW010033230826
846091LV00005B/1670
9782019966300